JN037540

音楽科授業サポートBOOKS

無理なく 楽しく 取り組める!

読譜力&記譜力アップ

音楽授業プラン

小学校・中学校

全領域・分野の
プランを紹介!
歌唱共通教材を網羅!
コピー可の
ワークシートを収録!

大熊信彦・酒井美恵子 著

明治図書

はじめに

　本書を開いてくださいました皆様，ありがとうございます。

　本書は平成29年に告示された小学校学習指導要領と中学校学習指導要領に基づき，児童生徒が音楽の授業において，五線譜をはじめとする様々な楽譜に親しむことで音楽の学習活動が充実することを願い，小学校や中学校で音楽を教えていらっしゃる先生方のお役に立つよう作成しました。

　Chapter 1 は理論編です。「楽譜に親しむと音楽の学習活動が充実する！」と題して，児童生徒が音楽を学ぶ意義や楽譜に親しむ上で先生方に授業で大切にしていただきたいことから始まります。その後，歌唱，器楽，音楽づくり・創作，鑑賞の活動ごとに，どのように楽譜に親しみ学習活動を充実させるかのポイントを示しています。例えば，移動ド唱法のよさや，移動ド唱法と器楽の読譜の関係など，授業の中で悩みがちな事柄を解決するヒントがたくさんあります。Chapter 2 の授業プランともリンクしていますので，具体的な授業をイメージしながらお読みいただけます。

　Chapter 2 は実践編です。「無理なく楽しく楽譜が読める・書けるようになる！授業プラン53」と題して，歌唱31種類，器楽８種類，音楽づくり・創作９種類，鑑賞５種類の計53の授業プランを掲載しました。歌唱は小学校と中学校の共通教材を網羅し，器楽ではリズム打ち，鍵盤ハーモニカ，リコーダー，箏，ギター，篠笛の事例を紹介しています。音楽づくり・創作では記譜に挑戦します。記譜は自分のつくった音楽を残すことができます。そしてそれを見て先生や友達が演奏してくれるというよさを味わいながら楽譜に親しんでほしいと思います。鑑賞では，読譜をして表現する活動を取り入れたり，楽譜を図形のように見て音楽を想像したりするなど，いくつかのアプローチの仕方を紹介しています。

　いずれの領域・分野も小学校から中学校にかけて児童生徒の成長をイメージできるような配列にし，領域・分野ごとの授業の特徴をとらえやすいようワークシート例なども載せました。

　少しでも先生方の授業の充実に役立ち，児童生徒が楽譜に親しんで音楽の楽しさを味わい，学びを深めることができるようご活用いただけますと幸いです。

2022年10月

大熊　信彦

酒井美恵子

Contents

Chapter1
楽譜に親しむと音楽の学習活動が充実する！

Chapter2
無理なく楽しく
楽譜が読める・書けるようになる！
授業プラン53

器楽

音楽づくり

Chapter1
楽譜に親しむと
音楽の学習活動が充実する！

1 生活や社会の中の**音**や**音楽**と豊かに関わる

1 なぜ音楽を学ぶのでしょうか

❶本書の趣旨

　小・中学校等の音楽の授業で，学習活動を充実するために，そして，教科の目標を実現するために，どのように楽譜を扱えばよいでしょうか。そのプランを提案することが本書の趣意です。単に，楽譜を読む力，書く力を伸長することだけが目的ではありません。

　ここで言う「学習活動を充実する」とは，歌う，楽器を演奏する，音楽をつくる，音楽を聴き味わうことを子供一人一人が楽しみながら，主体的・協働的に音楽活動に取り組んで学びを深めていくことです。

❷音楽を学ぶ意義

　日本の小・中学校等では，毎年度，全ての子供たちが音楽を学びます。義務教育の９年間，各学校の教育課程に教科「音楽」が位置付けられていることは素晴らしいことです。

　では，学校教育で子供たちが音楽を学ぶ意義はなんでしょうか。その答えを端的に言えば「生活や社会の中の音や音楽と豊かに関わる資質・能力」の育成です。この文言は，令和２年度から全面実施されている小学校学習指導要領（平成29年告示）の教科の目標に掲げられました。小学校学習指導要領解説音楽編では次のように述べています。

　「児童の生活や，児童が生活を営む社会の中には，様々な音や音楽が存在し，人々の生活に影響を与えている。したがって，生活や社会の中の音や音楽と豊かに関わる資質・能力を育成することによって，児童がそれらの音や音楽との関わりを自ら築き，生活を豊かにしていくことは，音楽科の大切な役割の一つである。生活や社会における音や音楽との関わり方には，歌うこと，楽器を演奏すること，音楽をつくること，音楽を聴くことなど様々な形がある。そのいずれもが，児童が音や音楽に目を向け，その働きについて気付くことを促すとともに，音楽文化を継承，発展，創造していこうとする態度の育成の素地となるものである。

　音楽科では，この目標を実現することによって，生活や社会の中の音や音楽と豊かに関わることのできる人を育てること，そのことによって心豊かな生活を営むことのできる人を育てること，ひいては，心豊かな生活を営むことのできる社会の実現に寄与することを目指している。」

　引用した文章の最後の段落で述べているように，音や音楽と豊かに関わることのできる人を

育むことが，個人の視点では「一人一人が心豊かな生活を営むこと」に，社会の視点では「人々が心豊かに生活できる社会を実現すること」につながっていくのです。

　令和3年度から全面実施されている中学校学習指導要領（平成29年告示）の教科の目標も小学校の教科の目標とほぼ同様ですが，中学校には「音楽文化」という文言が加わります。

　音楽文化と豊かに関わる資質・能力を育むために，これからの時代を生きる子供たちが，音楽を価値ある文化として捉え，我が国の音楽を大切にするとともに，自分とは異なる文化的・歴史的背景をもつ音楽も尊重し，多様性の理解を深めていく学びが期待されています。

2 楽譜に親しみましょう

❶音楽と楽譜

　一般に音楽は，音色，高さ，長さ，強さをもつ音が様々な様相（つらなり方や重なり方など）を呈しながら時間の流れの中で響き，表現されます。その表現は人の心に直接働きかけて，いろいろな感情やイメージなどを呼び起こします。こうした点で「感動的である」ということが音楽の素晴らしさであり，音楽活動の醍醐味と言えましょう。

　一方で，音は，響いている瞬間とその空間にのみ実存します。例えば，演奏が終わると全ての音は消えてなくなり，過去のものとなってしまいます。こうした音楽の特性を踏まえて，「ある音楽（曲）が，どのように形づくられているか」を記録し伝達する方法が，古今東西で試行錯誤されてきました。そして，五線譜などの楽譜が広く用いられるようになりました。

❷音楽の授業で楽譜に親しむ

　楽譜の存在は，時代や国・地域などを越えて音楽を共有できるという点で，音楽文化の継承，発展，創造に貢献しています。小・中学校等の音楽科の授業においても，子供たちが楽譜に親しみながら，歌う，楽器を演奏する，音楽をつくる，音楽を聴き味わう体験をすることが，教科の目標である「生活や社会の中の音や音楽と豊かに関わる資質・能力」の育成につながり，生涯にわたって音楽を愛好する基盤となります。

　もちろん，実際の音楽で表現される内容の全てを，記号や文字に置き換えることは不可能ですので，楽譜を読んだり書いたりする行為は，実際の音楽の表現や鑑賞を支える手がかりのような位置付けと言えましょう。また，多くの子供たちにとって，楽譜に用いられる記号や文字などの意味やルールを理解することは決して容易なことではありません。

　したがって，授業で大切にしたいことは，領域や分野（歌唱，器楽，音楽づくり・創作，鑑賞）の特徴，子供の発達の段階などに応じて，無理なく効果的に楽譜に親しむ過程を取り入れることです。このことについて，次のページから，領域・分野ごとに述べていきます。

2 楽譜に親しみ，歌唱活動を充実させる

1 歌唱活動の特徴

　声は一人一人の身体から発せられるので，誰もが自分だけの歌声をもっています。歌唱の授業では，子供たちが自らの声で歌うことを楽しみながら，歌詞の内容を想像したり曲の特徴を生かしたりして，思いをもって表現する喜びを体験できるようにしましょう。

　また，歌は全ての音楽活動の基本です。例えば，器楽では歌うように楽器を奏でたり，音楽づくり・創作では歌いながら音を選んだり，鑑賞では曲の主題を歌ってから聴いたりすることで，それぞれの音楽活動が深まっていきます。

2 適宜，階名唱を取り入れましょう

❶階名唱とは

　歌う時は，自分の声や身体の全体をコントロールして，曲にふさわしい音の高さや長さ，音のつながり方や強さなどで表現することになります。歌詞の内容が伝わるように歌うことは重要ですが，まずは旋律を把握して歌うために，適宜，階名唱を取り入れましょう。

　例えば，次の階名（ドレミ〜）を口ずさんでみてください。最初の「ド」は歌いやすい高さで構いませんが，音の高さの変化（音程）と音の長さを意識してください。（「①」は小節です。「ー」は音を伸ばします。「・」は休みです。）

　　「①ドードードー｜②レーーミレー｜③ミーミーファー｜④ソーーー・・｜
　　⑤ファーソーラー｜⑥ミーーファミー｜⑦レーレーシー｜⑧ドーーー・・」

　口ずさんでみると，多くの方々が「ふるさと」（文部省唱歌／高野辰之作詞／岡野貞一作曲）の旋律だと気付くと思います。また，人によってヘ長調で歌ったりハ長調やニ長調で歌ったりするなど，歌いやすい調で歌われたことと思います。このように，ある調における主音を「ド」（長調の場合。短調は「ラ」）とし，これを基準にして「ドレミ〜」で歌うことを階名唱と言います。

❷階名唱のメリット

　階名唱は，特に，相対的な音程感覚を育むことに適しています。❶の「ふるさと」では，例えば，⑤小節目の「ラ」から⑥小節目の「ミ」に移る時の音程がやや歌いにくいかも知れませ

ん。そこで，「ドーレーミーファーソーラー」のように音階を丁寧に歌ってから，その感覚を大事にして「ラーミー」を歌うと，「ラとミ」の音程（完全4度）が掴みやすくなります。

また，「うさぎ追いし　かの山」などの歌詞を発音しないので，階名唱は旋律の音楽的な特徴を考えることにも有効です。改めて❶の「ふるさと」の8小節間を階名で歌ってみてください。例えば，「①から④小節目にかけて徐々に音が高くなる。最後の「ソ」は続く感じで8小節間が大きなまとまりになっている。⑤小節目に一番高い音が出てきて，その後，徐々に音が低くなり，最後の「ド」の音はおさまる感じがする」のように，音楽的な特徴をとらえることができます。

以上のように階名唱は，音の高さの変化や音の長さを掴むだけではなく，旋律の構成などに気付き，曲にふさわしいフレージングや強弱などで歌うことにもつながっていくのです。

3 発達の段階に応じて，楽譜に親しみましょう

❶絵を見るように音符を見る（主に小学校低学年）

小学校低学年ごろの児童は，模唱を大切にしましょう。模唱とは，先生や友達が歌うのを聴いたり，参考になる音源を聴いたりして，まねて歌うことです。

その時，教科書の楽譜を見て，音符のたまをなぞりながら歌ったり，大画面の楽譜を見て，空中で音符のたまをなぞりながら歌ったりする活動も無理なく取り入れます。「絵を見るように音符を見よう。歌っている音の音符はどれかな，探してつかまえよう」などと声かけすることで，児童が楽譜に親しめるようにします。

また，階名の模唱も学習成果が高まります。例えば，「虫のこえ」（文部省唱歌）は，「あれまつ虫が鳴いている　チンチロチンチロ　チンチロリン〜」と歌いますが，多くの児童は，この歌詞を発音することに夢中になり，旋律の音の高さや長さに対する意識は弱くなりがちです。そこで，

「①ソミララ｜②ソソミ・｜③ド̄ドララ｜④ソー…｜⑤ソラソラ｜⑥ソソソ・」のように先生が階名唱をして，それをまねて歌います。この経験によって「ソミラ」「ド̄ラソ」「ソラソラ」などの音程感覚が少しずつ身に付いていきます。その後，「すず虫」「こおろぎ」「リンリン」「ガチャガチャ」などの歌詞で歌うと，児童は旋律を大切にしつつ，虫たちの様子を想像しながら表現を工夫できるようになります（関連する事例を30ページに掲載しています）。

❷旋律を視覚的に捉える（主に小学校中学年以降）

小学校学習指導要領の歌唱の内容の一つに，中学年は「範唱を聴いたり，ハ長調の楽譜を見たりして歌う技能」，高学年は「範唱を聴いたり，ハ長調及びイ短調の楽譜を見たりして歌う技能」を身に付けることが示されています。楽譜を見て，そこに書かれていることを読み取っ

て歌で表す経験は，生涯にわたり音楽と豊かに関わる資質・能力の基盤になります。

　一方で，授業の中で児童が楽譜を見て歌っていても，実際は歌詞を見るだけで，旋律は聴き覚えで歌っている場合もあります。大切なことは，楽譜の音符などを見て，旋律の音の高さの変化や音の長さなどを視覚的に捉え，歌で表す経験を積み重ねることです。

　例えば，「春の小川」（文部省唱歌／高野辰之作詞／岡野貞一作曲）の楽譜（教科書）の音符には階名（ドレミ〜）も書いてあるので，音符などを見て，階名や歌詞で歌う活動がしやすくなっています。「音符を見て，どのように並んでいるかを考えながら（階名や歌詞で）歌いましょう」と促すことで，児童は，例えば冒頭の８つの音（①ミソラソ｜②ミソド ド）の音符が，上下方向には「ミソ」よりも「ラソ」は狭く，「ソド」は広いこと。横方向には均等に並んでいることを視覚的に捉え，音の高さの変化や音の長さを意識して歌うことが経験できます（関連する事例を34ページに掲載しています）。

❸移動ド唱法を部分的に取り入れる（主に中学校）

　中学校学習指導要領の内容の取扱いには「１♯，１♭程度をもった調号の楽譜の視唱に慣れさせる」ことが示されています。例えば，「花」（武島羽衣作詞／滝廉太郎作曲）の歌唱活動の導入的な段階では，楽譜（教科書）を見て，調号が１♯のト長調であること，主音はト音記号の位置（第２線上の音符）であることをしっかりと学びます。

　その上で，音程を掴みにくく，歌うのが難しい箇所は，階名唱を部分的に取り入れてみましょう。ト長調の主音「ド」は，第２線上の音符になるので，移動ド唱法とも言います。例えば３番の最後「ながめを何に　たとうべき」（４小節間）の「下のパート」の旋律は，「①ソーーファミーミー｜②ファラレミ ファー…｜③ミーレドシラソファ｜④ミー（略）｜」と歌います。歌ってみると跳躍音程が含まれる「②ファラレミ ファー」が特に難しいことや，「③④」は音階を歌うことがわかります。そこで，「②」だけを取り出して，音程感覚を丁寧に確認することで，このフレーズ全体が歌えるようになります（関連する事例を66〜67ページに掲載しています）。

4 　楽譜を手がかりに，曲にふさわしい音楽表現を生み出しましょう

　これからの音楽科の授業に求められることは，表現活動では，子供たちが，音楽に対する感性を働かせ，他者と協働しながら，創意工夫して曲にふさわしい音楽表現を生み出すことができる学習活動の充実です。楽譜に親しみ，そこに書かれている様々な情報を読み取ることが，その手がかりとなります。このような視点で，Chapter2（24ページ〜）に歌唱の具体的な事例を31種類掲載しました。参考にしていただければ幸いです。

3 楽譜に親しみ，器楽活動を充実させる

1 器楽活動の特徴

　世界には沢山の種類の楽器があり，いずれも固有の表現の特徴をもっています。器楽の授業では，子供たちが楽器で音楽を奏でることを楽しみながら，音色や響きを味わったり曲の特徴を生かしたりして，思いをもって表現する喜びを体験できるようにしましょう。

　楽器は，その楽器をつくり出し継承してきた人々の生活の中で愛好され，発展してきました。この意味で，楽器の存在そのものが一つの文化と言えましょう。音楽の授業で子供たちが楽器に触れて，演奏できたという経験を積み重ねることが，生涯にわたって音楽に親しむ態度へとつながっていきます。

2 最も基本となる奏法を体験させましょう

　限られた学習時間の中で，子供たちが楽器を演奏する喜びを味わうためには，取り扱う楽器において，最も基本となる奏法を体験させることが重要です。基本を習得することが，応用を可能にします。そして，子供一人一人が「自分にも演奏できた」という自覚をもつことが，音楽表現を創意工夫する協働的な学びを深めていくことになります。

　例えば，「鍵盤ハーモニカ」では，「鍵盤を押さえる時の手の形と位置」がとても重要です。小学校低学年程度の児童が「かえるの合唱」の前半の旋律（a）「ドレミファミレド・」，（b）「ミファソラソファミ・」（ハ長調）を演奏するとします。手の形は，小さな「みかん」をそっとつかむような感じにします。また，（a）の4つの音（ドレミファ）を親指から薬指で押さえることができる位置に手を置いて演奏し，次に，手全体を右側に少しずらし，（b）の4つの音（ミファソラ）を親指から薬指で押さえることができる位置に手を置いて演奏します。

　このような手の形と位置は，多くの鍵盤楽器に共通する演奏の仕方です。より難しい曲に挑戦したり，オルガンやピアノを弾いたりするときにも生きて働く技能となるように習得させましょう（関連する事例を76〜77ページに掲載しています）。

　また，和楽器の「箏」では，「右手の親指に付けた爪で上から糸を押さえるように弾く」ことがとても重要です。爪で上から糸を押さえるように弾いた後，次の糸に爪を当てて止めるようにすると，美しい音がしっかりと響きます。

　小学校段階の児童であれば，例えば「たこたこあがれ」や「ほたるこい」（出だしの部分）

を七の糸と八の糸の２本だけで演奏して，限られた学習時間の中で，箏にふさわしい音で表現できるように工夫します。こうした学びによって，例えば，中学校段階で和楽器を学ぶ時にも，生きて働く技能として身に付くのです（関連する事例を80〜81ページに掲載しています）。

3 奏法と楽譜を結び付けましょう

❶初歩的な段階（鍵盤ハーモニカの例）

　取り扱う楽器において，最も基本となる奏法を体験する時に，子供の発達の段階に応じて，楽譜に親しむことができるようにします。楽器の奏法と楽譜とを結び付ける経験が，やがて自分の力で楽譜を読み，楽譜に示されている音楽を楽器で表す能力の基礎になります。

　例えば，**2**で述べた「鍵盤ハーモニカ」で「かえるの合唱」の旋律を演奏する時，「ドレミファミレド・」の楽譜も見て，演奏と楽譜が感覚的に結び付くようにします。その際，小学校低学年程度の児童は，五線譜上の音符一つ一つと鍵盤の位置を一致させるような活動を行うのではなく，例えば，教師が「ド」の鍵盤を親指で押さえて見せて，児童はそれをまねて「ド」を押さえてから，楽譜も見て旋律の演奏に挑戦する，といったように，楽しみながら無理なく取り組めるようにすることが大切です。

　特に，器楽は，音の高さを間違えないで演奏することに意識が集中してしまい，リズムがあいまいになったり，速度を一定に保てなかったりすることが多いので，楽譜を視覚的に捉え，心の中で「タンタンタンタン｜タンタンタン（ウン）」のリズムや速さを感じながら演奏できるようにします。

❷奏法と楽譜の結び付きを深める（リコーダーの例）

　小学校学習指導要領の器楽の内容の一つに，中学年は「範奏を聴いたり，ハ長調の楽譜を見たりして演奏する技能」，高学年は「範奏を聴いたり，ハ長調及びイ短調の楽譜を見たりして演奏する技能」を身に付けることが示されています。楽譜を見て，そこに書かれていることを読み取って演奏する経験は，生涯にわたり音楽と豊かに関わる資質・能力の基盤になります。

　例えば，リコーダーの活動では，基本的な運指を覚えて，タンギングや息づかいを工夫して，安定した音で旋律にふさわしく表現できるようにすることが大切です。そこで，子供の発達の段階に応じて，子供が自分の力で楽譜を見て，曲で用いる音は何かを確認し，運指を練習したり，フレーズのまとまりやアーティキュレーションを考えて，いろいろと試しながら吹いたりして，奏法と楽譜の結び付きを深めることができるようにします。

❸階名と音名

　例えば，ソプラノ・リコーダーは，ハ長調のソ・ラ・シの音を中心的に用いた曲を演奏する

と吹きやすいです。この場合，実際の調性はト長調でつくられた旋律であることが少なくありません。前項 2 の歌唱では階名唱のメリットなどを述べました。ト長調でつくられた旋律の階名は，ハ長調ならばソ・ラ・シに当たる音は，ド・レ・ミと読むことになります。

　一方で，器楽の授業で運指などを覚える時は，もしト長調でつくられた旋律であっても，ハ長調ならばソ・ラ・シの音は，そのままソ・ラ・シと音名で読みます。運指などの奏法と，音符に示された音の高さとを結び付けることが，この活動のねらいだからです。

　なお，ド・レ・ミ〜は階名のみに用いて，音名はＣ・Ｄ・Ｅ〜やハ・ニ・ホ〜を用いてはどうかという考え方もあります。この場合，学習の難易度なども考慮する必要があります。いずれにしても，例えば，ト長調でつくられた旋律を奏でる時，子供の発達の段階に応じて，ハ長調ならば「ファ」の♯の音（嬰ヘ）は，主音に導かれていくような（階名ならば「シ」の）性質があることを感じ取って演奏することが大切です。

❹楽器にふさわしい楽譜

　五線譜は，現在では，様々な曲種，様々な種類の楽器や表現形態に広く用いられています。このことは，五線譜の大きな特徴と言えましょう。

　五線譜上の音符は，上下方向に「音の高さ」，横方向に「音の長さ」を示しています。その上で，強弱や表情，奏法を示す用語や記号なども書かれています。なお，高さと長さについて，座標軸のような正確な比率で音符が配置されるのではなく，高さは，半音と全音の違いは表現されないこと，♯，♭などの記号で変化させること，長さは，音符や休符の種類（白黒，付点や旗の付け方など）で表すことなどの一定のルールを知ることが大切です。

　一方で，例えば，箏曲で用いられてきた縦譜は，音符ではなく「七」や「巾」などの糸の名称を書いて「音の高さ」を，そして，縦方向（下方向）に「音の長さ」を示しています。その上で，口唱歌や奏法を示す言葉なども書かれています。楽譜は流派などによって異なりますし，篠笛，三味線，和太鼓なども，それぞれに固有の楽譜が用いられます。

　そこで，授業では，扱う楽器にふさわしい楽譜に親しめるようにしましょう。このことが，音楽の多様性に触れるとともに，各楽器の持ち味を生かした演奏へとつながっていきます。

4 楽譜を手がかりに，曲にふさわしい音楽表現を生み出しましょう

　これからの音楽科の授業に求められることは，表現活動では，子供たちが，音楽に対する感性を働かせ，他者と協働しながら，創意工夫して曲にふさわしい音楽表現を生み出すことができる学習活動の充実です。楽譜に親しみ，そこに書かれている様々な情報を読み取ることが，その手がかりとなります。このような視点で，Chapter2（74ページ〜）に器楽の具体的な事例を8種類掲載しました。参考にしていただければ幸いです。

4 楽譜に親しみ，音楽づくり・創作活動を充実させる

1 音楽づくり・創作活動の特徴

　音楽づくり・創作は，作曲の仕方を学ぶ，といった難しい活動ではありません。小学校の授業では，ある約束事に沿って音遊びや即興的な表現をしたり，「呼びかけとこたえ」などの音楽の仕組みを使って，音を音楽へと構成したりする活動をします。また，中学校の授業では，音のつながり方を試しながら旋律をつくったり，音色を選んで音の重なりや反復・変化などを工夫して音楽をつくったりする活動をします。

　いずれにおいても，子供たちが創造的に取り組むことを楽しみながら，音や音楽に対するイメージをふくらませて，自分なりの音楽をつくる喜びを体験できるようにしましょう。

2 音楽を記録して共有することの素晴らしさを体験させましょう

　学習指導要領の「内容の取扱い」には，小学校は「作品を記録する方法については，図や絵によるもの，五線譜など柔軟に指導すること」，中学校は「理論に偏らないようにするとともに，必要に応じて作品を記録する方法を工夫させること」が示されています。

　例えば，小学校低学年で，児童一人一人が，手を打って音を鳴らす時の「たん」と，手を打たないで静かにする時の「うん」の２つを自由に組み合わせてリズムをつくる音遊びをします。気に入ったリズムができあがったら，ワークシートに●（「たん」黒く塗る）や○（「うん」白いまま）で書き表します。そして，自分がつくったリズムの●○の組合せを友達に見せて，打ってもらったり，友達がつくったリズムの●○の組合せを見て，一緒に打ったりして楽しみます。

　この活動で重要な点は，●○で書き表したワークシートが，楽譜としての役割を果たしている，ということです。児童は，つくった音楽を記録して，他者と共有することの素晴らしさを実感することができます（関連する事例を94～95ページに掲載しています）。

　このように，音楽づくり・創作の指導では，子供たちが，音楽を記録する意義を感じながら，小学校から中学校へと進むにつれて，五線譜などの楽譜を書く時のルールの学びを深めたり，コンピュータ端末を活用して，つくった音楽を記録する方法を工夫したりするようにします。このような視点で，Chapter2（94ページ～）に音楽づくり・創作の具体的な事例を9種類掲載しました。参考にしていただければ幸いです。

5 楽譜に親しみ，鑑賞活動を充実させる

1 鑑賞活動の特徴

　世界の多くの人々が，日々の生活の中で様々な音楽を聴き，その喜びを享受しています。鑑賞の授業では，音楽を聴く楽しさなどを感じ取りながら，発達の段階に応じて，子供たちが曲や演奏のよさや美しさを見いだし，味わって聴く体験を積み重ねていくようにしましょう。

　このことで，子供たちが生涯にわたって多様な音楽に主体的に関わり，自らの人生を潤いのあるものにするとともに，音楽文化の継承と創造的な発展に資することになります。

2 曲全体を味わって聴きましょう

❶思考・判断・表現の過程を大切にする

　音楽を聴いてどんな雰囲気を感じたか，どんなことを想像したか，どんな気持ちになったかなど，自分の心の動きを意識することは，鑑賞の醍醐味です。

　しかし，音は響いている瞬間にしか実存しないので，曲や演奏のよさなどを味わうためには，ある程度のまとまった時間の流れの中で，自己のイメージや感情がどのように変化していったのかを感じ取ることが重要になります。

　学習指導要領の「思考力，判断力，表現力等の育成」に関する内容の一つに，例えば小学校中学年では，「鑑賞についての知識を得たり生かしたりしながら，曲や演奏のよさなどを見いだし，曲全体を味わって聴くこと」が示されています。他の学年や中学校にも同じような内容が示されています。

　曲全体を味わって聴く上で，知識を得たり生かしたりしながら，曲や演奏のよさなどを見いだしていく思考・判断・表現の過程を大切にした学びが求められています。

❷楽譜も見て，特徴的な部分を手がかりにする

　実際の授業では，曲全体を通して聴くだけではなく，曲の中の特徴的な部分や，子供たちにとって印象に残る部分を聴き，それを手がかりにすることで，曲全体を味わうことができるようにします。

　例えば，ドイツ舞曲第3番「そり遊び」（モーツァルト作曲）は，曲の途中でスレイベル（鈴）やポスト・ホルン（郵便ラッパ）の音が響きます。小学校中学年程度の児童は，この部

分の鈴やラッパの音に関心をもつ子供と，それらに気付かない子供がいます。そこで，思考・判断・表現の過程として，鈴とラッパそれぞれの楽譜も見て，音符の動きなどを視覚的に追いながらこの部分を聴いてみます。

　多くの子供が，音が重なっていく鈴の楽譜や，低い音と高い音が交互に出てくるラッパの楽譜を見ながら音楽を聴くことで，音の重なりが生み出す面白さや，突然出てくる元気なラッパの面白さなどを感じ取ることができるようになります。

　この曲はA - B - A -コーダで構成されていて，前述した部分はBに当たります。子供たちが，鈴やラッパをきっかけにしてBの部分に関心を寄せると，例えば，その前後で，楽しく踊っている感じのAが繰り返されることや，コーダではBとは違う形で鈴やラッパが出てくることなどにも自ら気付き，曲全体の曲想の変化を楽しみながら鑑賞することができます（関連する事例を126〜129ページに掲載しています）。

❸楽譜も見て，作曲者や演奏者の意図を考える

　人と音楽の関わりを考えると，ほとんどの音楽に共通し，それを「つくり出す人」「演奏する人」「聴いて味わう人」が存在します。音楽の成立は，時には，時代や国さえも越えた，この３者の共同作業によるものと言えましょう。そして，３者を結び付ける扇の要に当たるのが音楽作品（曲）です。楽譜は，言わば，その設計図です。

　授業では，子供が楽譜も見て，そこに書かれていることを自分なりに解釈し，作曲者は「なぜ，このようにつくったのだろう」，演奏者は「なぜ，このように表現するのだろう」と考えながら聴くことで，曲や演奏のよさなどを深く捉えることができるようになります。

　例えば，中学校の授業で，歌曲「魔王」（シューベルト作曲）を鑑賞する時，前奏の楽譜と最後の部分の楽譜を見て，前奏の音の動きや，最後の部分のフェルマータ記号に着目します。そして，作曲者は「音楽によって，どんな情景や心情を表しているのか」，演奏者は「聴く人に，それをどのように伝えたいのか」を考える過程を大切にして，主体的で創造的な鑑賞の学びを実現していきます（関連する事例を136〜137ページに掲載しています）。

3 楽譜を手がかりに，音楽と豊かに関わりましょう

　これからの音楽科の授業に求められることは，鑑賞活動では，子供たちが音楽を聴いて，感性を働かせ，他者と協働しながら，それぞれの曲や演奏のよさや美しさなどを見いだすことができる学習活動の充実です。鑑賞活動において，子供が音楽と豊かに関わるために，楽譜に親しみ，そこに書かれている様々な情報を読み取ることが，その手がかりとなります。このような視点で，Chapter2（122ページ〜）に鑑賞の具体的な事例を５種類掲載しました。参考にしていただければ幸いです。

Chapter2
無理なく楽しく 楽譜が読める・ 書けるようになる！ 授業プラン53

Prologue

歌唱共通教材の音階

歌唱共通教材は，多様な魅力がありますが，ここでは用いられている音階の視点から見ていきましょう。

1 日本らしさを生み出す音階

❶ 4種類の日本の音階

「さくらさくら」を聴くと，だれもが日本らしさを感じます。歌詞からも日本らしさを感じますが，実は音階からも感じています。

日本の音階にはいろいろな分類法がありますが，小泉文夫（1927-1983）の音階理論（都節，律，民謡，沖縄（琉球）の各音階）が広く普及しています。これは完全4度の音程間隔にある2つの音と，その間にある音との集合体をテトラコードと呼ぶものです。完全4度の音程間隔にある2つの音を核音，中間におかれる音を中間音と呼びます。同じ種類のテトラコードを2つ重ねることで1オクターブに及ぶ音階を構成します。テトラコードの中間音の低い順に表で示します。

❷ ヨナ抜き音階

上記の4種類の音階の他に，長音階（ドレミファソラシド）や短音階（ラシドレミファソラ）の4番目と7番目の音を抜いたヨナ抜き長音階（ドレミソラド）とヨナ抜き短音階（ラシドミファラ）も，童謡や演歌，J-pop などに用いられ，日本的な印象のある音階です。

2 歌唱共通教材の音階（調は教育芸術社，教育出版の教科書に準じています）

小1	「うみ」（ト長調）ヨナ抜き長音階（1♯）	「かたつむり」 ハ調長音階 1〜4小節，9〜12小節がヨナ抜き長音階
	「ひのまる」（ハ長調）ヨナ抜き長音階	「ひらいた ひらいた」 民謡音階
小2	「かくれんぼ」 民謡音階	「はるが きた」 ハ調長音階 1，2小節目に「ファ」のあるヨナ抜き長音階の傾向の強い歌
	「虫の こえ」 ハ調長音階 9，11小節に「シ」のあるヨナ抜き長音階の傾向の強い歌	「夕やけこやけ」（ハ長調）ヨナ抜き長音階
小3	「うさぎ」 都節音階で，8小節目に音階以外の音「レ」を用いている	「茶つみ」（ト長調）ヨナ抜き長音階（1♯）
	「春の小川」 ハ調長音階 11小節に「シ」のあるヨナ抜き長音階の傾向の強い歌	「ふじ山」 ハ調長音階
小4	「さくらさくら」 都節音階	「とんび」（ハ長調）ヨナ抜き長音階
	「まきばの朝」 1〜8小節がハ調長音階，9〜20小節がヨナ抜き長音階	「もみじ」 ヘ調長音階（1♭）
小5	「こいのぼり」 ヘ調長音階（1♭）	「子もり歌」 都節音階，律音階
	「スキーの歌」 ト調長音階（1♯）	「冬げしき」 ヘ調長音階（1♭）
小6	「越天楽今様」 律音階	「おぼろ月夜」 ハ調長音階 主旋律の5，13小節に「ファ」のあるヨナ抜き長音階の傾向の強い歌
	「ふるさと」 ヘ調長音階（1♭）	「われは海の子」 ニ調長音階（2♯）
中学校	「赤とんぼ」（変ホ長調）ヨナ抜き長音階（3♭）	「荒城の月」 ロ調短音階（2♯）
	「早春賦」 変ホ調長音階（3♭）	「夏の思い出」 ニ調長音階（2♯）
	「花」 ト調長音階（1♯）	「花の街」 ヘ調長音階（1♭）
	「波辺の歌」 ヘ調長音階（1♭）	

01 「うみ」（林柳波作詞，井上武士作曲）
3拍子を感じながらのびのび歌いましょう

活動 歌唱 　　　　 **学年** 小学校第1学年

1 本題材で使用する曲の特徴

　ゆったりした3拍子にのりながら，広くて美しい海を想像して，のびやかに歌いたい歌です。2つのフレーズから成り立っています。

2 読譜力向上のポイント

　まずは，児童たちがのびのびと歌えるようにしましょう。

❶フレーズごとに分担して歌う

　教科書には，ト長調の五線譜が掲載されていて，音符の下に歌詞が示されています。その横書きの歌詞を拡大楽譜などで示しながら，前半と後半を分担して歌います。楽譜の仕組みに気付くきっかけになります。

❷3拍子を感じて歌う

〈 123 123 を感じて手をつないで左右に動く〉

〈 123 123 を感じてブルーシートをグループで持って左右に動く〉

　拍の流れやまとまりを実感することで，いずれ3拍子の楽譜を読む時に，1小節に3拍書かれていることが理解しやすくなります。

※2-❷参考資料　井上恵理・酒井美恵子著『リトミックでつくる楽しい音楽授業』2012，明治図書

02 「かたつむり」（文部省唱歌）
リズムの楽しさを感じながら楽しく歌いましょう

活動 歌唱　**学年** 小学校第1学年

1 本題材の特徴

　付点のリズムが楽しい感じを生み出している歌です。歌詞に合わせた身ぶりで楽しんだり，チョキとグーの形の手遊びをしたりできます。手遊びは，右手と左手の役割を交互に変えて遊べます。はじめは4小節や2小節ごとに変え，慣れてきたら1小節ずつなどに挑戦しましょう。

左手がおうち　右手がおうち

2 読譜力向上のポイント

❶音符のたまを押さえながら歌う

　歌いながら，楽譜の音符のたまを押さえます。楽譜を左から右に読むことに無理なく親しむことができます。大画面に教科書の楽譜を映して，教師が指示棒などでたまを押さえながら児童とともに歌う経験をしてから，児童が歌いながら教科書の音符のたまを押さえるようにすると取り組みやすいと思います。その際，「つ【の】だせ，や【り】だせ，あ【た】まだせ」の【　】で，音符のたまが跳躍することを，歌いながらみんなで楽しんで，「かたつむり」に呼びかけるようにしましょう。

❷付点のリズムを変化させてリズムの面白さに気付く

　「でんでんむしむしかたつむり（タッカタタ｜タッカタタ｜タッカタタ｜タンウン）」を歌いながら，音符のたまを押さえる活動の後に，タッカのリズムを，タタに変えて（タタタタ｜タタタタ｜タタタタ｜タンウン）歌ったり，リズム打ちをしたりして，味わいの変化を考え，どちらが「かたつむり」に合うか意見交換をするとよいでしょう。付点のリズムの面白さに気付きます。

03 「ひのまる」（文部省唱歌，高野辰之作詞，岡野貞一作曲）
音の高さに気を付けてのびやかに歌いましょう

活動 歌唱 　　**学年** 小学校第1学年

1 本題材で使用する曲の特徴

　日本の国旗の特徴や青空にたなびく様子がわかりやすい歌詞で表されています。旋律は4つのフレーズ（4小節×4フレーズ＝16小節）でできていて，9小節目からの「ああうつくしい」に向かって盛り上がっていきます。盛り上がりに気付いてのびやかに歌えるようにしましょう。

　国旗は入学式や卒業式などの学校行事で掲げられているとともに，オリンピックなどの国際的な大会で大切にされている様子などを話題にして，国旗に親しむ気持ちとともに歌いたい歌です。

2 読譜力向上のポイント

❶階名唱を覚えて歌えるようにする

　教師の階名唱を聴いて模唱したり，教科書の音符に書かれている「どれみ」を読んだりして，階名唱を覚えて歌えるようにします。

❷覚えた階名唱を歌いながら，身体を動かす

　音の高さに応じて身体を動かし，9小節目の「ああ」が高くて心地よいことを実感できるようにします。

〈動きの例：ヨナ抜き長音階なので，「ふぁ」と「し」はありません〉

ど　　　　れ　　　　み　　　　そ　　　　ら

❸「ああうつくしい」が盛り上がる高さで歌う

　盛り上がるところをハ長調の「ラ」よりも高く歌う方が「ああうつくしい」の歌詞に合うかもしれません。ニ長調，ヘ長調などいろいろな高さで階名唱や歌詞唱をして，気持ちと合う高さを見つけてください。

04 「ひらいた ひらいた」 (わらべうた)
歌と鍵盤ハーモニカで楽しみましょう

| 活動 | 歌唱 | 学年 | 小学校第1学年 |

1 本題材で使用する曲の特徴

蓮華の花（ハスの花のことです）がいつのまにか開いたりつぼんだりする様子を歌と遊びで楽しむわらべうたです。朝は開いていたのにいつのまにかつぼんでいたり，つぼんでいたはずなのに朝には開いていたりする不思議さが歌となっています。手遊びで花の様子を表したり，手をつないでみんなで花の様子を表したりと様々な動きで楽しめる歌です。

2 読譜力向上のポイント

わらべうたは楽譜ではなく口伝えで広がるという特徴があります。そのため，歌は楽譜からではなく，教師が歌うのを聴いて覚え，歌いやすい高さで歌って楽しみましょう。そして，歌とともに，鍵盤ハーモニカでも演奏しましょう。その時，全員で演奏したり「呼びかけ」と「こたえ」のグループに分かれて演奏をしたりしましょう。鍵盤ハーモニカを演奏する時は，教科書の楽譜も参考にするとよいでしょう。

❶鍵盤ハーモニカで「全員で演奏」「呼びかけグループ」と「こたえグループ」で楽しむ

前半の6小節間は，学級の全員が歌，鍵盤ハーモニカの「全員で演奏」「呼びかけグループ」と「こたえグループ」を体験できるようにしましょう。また，鍵盤ハーモニカを吹く前に，ドレミで歌いながら空中で指を動かす活動をすると取り組みやすくなります。

❷（発展）後半も鍵盤ハーモニカに挑戦する

同じくドレミで歌いながら空中で指を動かしてから，取り組みましょう。

05 「かくれんぼ」（文部省唱歌，林柳波作詞，下総皖一作曲）
呼びかけとこたえで歌いましょう

活動 歌唱　　**学年** 小学校第2学年

1 本題材の特徴

　教科書には，かくれんぼをしている子供たちのイラストが描かれていますので，かくれんぼの経験がない児童も，かくれんぼをしているつもりで歌えるように遊び方を説明しましょう。

　そして，「もういいかい」「まあだだよ」，「もういいかい」「もういいよ」の部分を呼びかけとこたえで楽しみましょう。「まあだだよ」と「もういいよ」は，教科書のイラストのどの子供になったつもりかを考えて，「遠くにいるからよく聞こえるように大きい声で」「近くに動物がいるからびっくりさせないように少し小さい声で」などと，声の大きさを工夫できると面白いと思います。

　なお，かくれんぼは，室内でも屋外でも隠れる場所には様々な危険が伴います。音楽の授業ですので，かくれんぼの様子を豊かに想像しながら歌うことを楽しめるようにしましょう。

2 読譜力向上のポイント

❶音符のたまを指でなぞり，付点のリズムに親しむ

　歌詞を覚えて歌えるようにし，呼びかけとこたえを十分楽しんだところで，教科書の音符のたまをなぞりながら前半8小節を歌います。スキップしているように楽しく指を動かしながら，音符に親しむことができます。

❷歌いながらリズム打ちする

　次に，歌いながら，手で前半8小節のリズム打ちをします。拍ではなくリズムを打つので，あまり速くない方が取り組みやすいと思います。

❸「もういいかい」と「まあだだよ」のどっちでしょうクイズをする

　2種類の楽譜を示し，「たんたん｜たんうん」や「たんたった｜たんうん」と唱えながら，音符のたまを指でなぞったり，ハンドクラップでリズム打ちをしたりして，「「まあだだよ」のリズムはどちらでしょう」などとクイズをして楽しみます。

06 「はるが きた」（文部省唱歌，高野辰之作詞，岡野貞一作曲）
繰り返す言葉やリズムに気付いて楽しく歌いましょう

| 活動 | 歌唱 | 学年 | 小学校第2学年 |

1 本題材で使用する曲の特徴

　春が「きた」，花が「さく」，鳥が「なく」という言葉が繰り返されることで，山にも里にも野原にも春がきた喜びを表している歌詞と，前半と後半で同じリズムを繰り返し，音の高さが変化する旋律が特徴の歌です。

2 読譜力向上のポイント

❶♩♫♩♩や♩♩♩♪｜ ♩.　᠎｜と同じリズムを探す

　歌詞は「きた」「さく」「なく」がそれぞれ6回出てきます。音楽でも繰り返されるリズムがあることを，楽譜を見ながらリズム打ちをして気付けるようにします。

❷音符のたまをなぞり，高さの変化を感じる

　教科書の楽譜の音符のたまを手でなぞったり，大画面に映した楽譜の音符のたまを空中でなぞったりして，前半よりも後半の方が，音が高くなっていること，7小節目に一番高い音があることに気付けるようにします。そして，❶と❷の特徴から，どのような春の情景か，またどのような気持ちであるかを想像して，のびのびと歌えるようにします。

3 「春がきた」の同じリズムと一番高い音

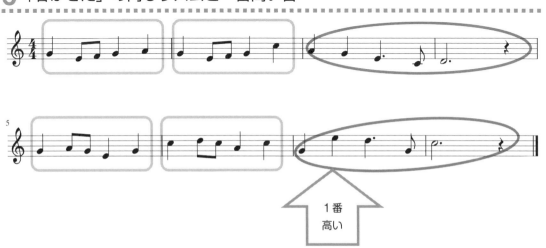

Chapter2　無理なく楽しく楽譜が読める・書けるようになる！授業プラン53　29

07 「虫の こえ」（文部省唱歌）
虫の声や気持ちを工夫して歌いましょう

活動 歌唱　　**学年** 小学校第２学年

1 本題材で使用する曲の特徴

　秋になると，様々な虫の鳴き声が聞こえてきます。この「虫のこえ」の旋律はa‐a‐bでつくられ，aでは，5種類の虫の鳴き声を楽しい擬声語で表しています。秋になると思いだしたり口ずさんだりしたくなる歌です。

2 読譜力向上のポイント

❶階名の模唱をしたり，音符のたまをなぞったりして音楽の特徴を掴む

　先生が歌う階名唱を聴いて模唱したり，音符のたまをなぞりながら歌ったり，大画面の楽譜を見ながら空中で音符のたまをなぞりながら歌ったりして，aの旋律が繰り返されている特徴などに気付くようにします。また，bの「ああおもしろい」の「ああ」はどのような気持ちで歌ったらよいか，情景を想像したり音の高さを手がかりにしたりして意見交換をし，みんなで気持ちを合わせてのびのびと歌いましょう。

❷グループで「虫のこえ」の擬声語の歌声や強弱を工夫して歌う

　5種類の虫の鳴き声がありますが，5小節目と6小節目の4種類をグループで分担して，歌声や強弱を工夫しましょう。実際の虫の鳴き声の音源や映像などを参考にして，「すず虫のリンリンはきれいな声で歌おう」「くつわむしのガチャガチャは大きい声にしよう」「あちこちで鳴いているから，自分たちは遠くの虫の声にして，弱く歌おう」などのように思いをもって歌うことで，表現を工夫することの楽しさが実感できます。なお，大きく歌う時に乱暴にならないように，また，小さく歌うときにも，人に伝わる様に，「虫は仲間に鳴き声で合図を送っているから，よい声ではっきり歌いましょう」などと助言をしてください。

08 「夕やけこやけ」（中村雨紅作詞，草川信作曲）
情景を思い浮かべて歌いましょう

活動 歌唱　　**学年** 小学校第2学年

1 本題材で使用する曲の特徴

夕方から夜にかけての美しい情景の歌詞とヨナ抜き長音階のおだやかな旋律が特徴の歌です。市区町村の防災無線を利用して，夕方に音楽を流す時に，この「夕やけこやけ」を使用する場合が多く，広く親しまれています。

2 読譜力向上のポイント

❶拍の流れに合わせて歌いながら歩く

みんなで音楽を楽しむために，拍の流れを感じながら歌うことはとても大切です。また，歩きながら歌うことで情景をイメージしやすくなります。広いスペースで拍の流れに合わせて歌いながら歩く活動を取り入れましょう。歌詞に合わせて手をつなぎながら歩く活動を取り入れてもよいと思います。このような体験を重ねておくことで，いずれ読譜をする際に，拍を感じながら読むことにつながります。

❷音符のたまをなぞったり，空中で描いたりして音楽の特徴を掴む

歌いながら教科書の音符のたまをなぞったり，大画面に映した楽譜を見ながら空中でなぞったりして，一番高い音を探したり，特徴的な付点のリズムを見つけたりします。この音楽の特徴から，「手をつないで帰る子供たちはどのような気持ちだと思いますか」「小鳥たちはどのような夢を見ていると思いますか」などと，考える活動をしてみましょう。「高い音だから，手をつないで大きく手を振りながら元気に帰っていると思う」「楽しいリズムだから小鳥はうれしかったことを夢に見ていると思う」などの感想が引き出せるとよいと思います。

3 歩くタイミング（♩♩），一番高い音（↓），付点のリズム（○）

09 「うさぎ」（日本古謡）
都節音階の味わいを感じながら呼びかけとこたえで歌いましょう

活動 歌唱　　**学年** 小学校第3学年

1 本題材で使用する曲の特徴

　旧暦で，毎月15日の夜を十五夜といいます。特に秋の十五夜は一年で最も美しく「中秋の名月」と言われます。昔から月の模様をうさぎに見立て，美しい月を見て楽しんできました。9月から10月ごろに歌いたい歌です。

　2つのフレーズから成っていて，都節音階です。「みてはねる」の「ね」の音は，教科書の楽譜では「レ」で，音階の構成音ではありませんが，この音によって，終わる感じになっています。下記は，都節音階と「うさぎ」で用いられている音です。ここに「レ」が加わります。

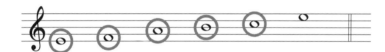

2 読譜力向上のポイント

❶大画面に映した楽譜などを用いて，楽譜を左から右へ読むことに慣れる

①教師による範唱の際に，指示棒で音符のたまをなぞりながら歌いましょう。

②教師が指示棒で音符のたまをなぞり，児童は大画面の楽譜を見ながら空中で旋律線を描いて歌います。

③6小節目「お月様」（タ　タカ　タ　タ　）の楽譜を見ながらリズムを叩いたり，リズム読みしたり，歌ったりすることで八分音符と十六分音符に慣れることができます。

④7〜9小節目「みてはねる」の「は」は長くのばすことを意識して歌い，楽譜のリズムと実際の音の長さを結び付けて，うさぎがどんな様子で飛び跳ねているかを想像して話し合ってみましょう。

❷フレーズごとに呼びかけとこたえのように歌う

①指示棒の先に2種類のイラスト（異なるうさぎなど）やグループ名（1，2，3班と4，5，6班など）を表裏で貼り付けて，フレーズごとに表裏を変え，❶の①や②を行うと，楽しく無理なく呼びかけとこたえに気付きます。

②わらべ歌や民謡などの日本の歌は，歌いやすい高さで歌います。いろいろな高さで呼びかけとこたえで歌って楽しみましょう。

10 「茶つみ」（文部省唱歌）
リズムや旋律の特徴を生かして楽しく歌いましょう

活動 歌唱　　**学年** 小学校第3学年

1 本題材で使用する曲の特徴

　日本では，お茶を楽しむ文化があります。急須で入れた新茶は細かい繊維のようなものが浮かび，それを見ながらお茶を味わうと季節を感じます。繊維みたいなものは毛茸（もうじ）と言い，お茶の新芽にだけある産毛のようなものだそうです。

　「茶つみ」は夏が近づく季節とお茶を摘む様子から，新茶を待つわくわくする気持ちが感じられる歌です。歌詞や躍動的な旋律を味わったり，歌いながら手遊びをしたりして，初夏の美しさやお茶を摘む楽しさを感じてほしい作品です。

2 読譜力向上のポイント

❶休符で手遊びの仕方を変える

　「茶つみ」はフレーズのはじめとフレーズの終わりに休符のある歌です。2人が向かい合い，偶数拍（2拍目と4拍目）で互いの右手と左手を手合わせして楽しみ，フレーズの終わりの休符だけを両手で手合わせする遊び方と，フレーズの始めと終わりの休符を両手で手合わせする遊び方があります。フレーズの終わりの休符だけを両手で手合わせする方が取り組みやすいかもしれません。楽譜でフレーズの終わりの四分休符を確認しながら「お休みを両手で手合わせしましょう」と伝えて，楽譜と身体の動きを一致させるとよいでしょう。

❷リズムを変化させて旋律のよさを味わう

　「茶つみ」はフレーズの始めの休符（ ♩ ♪ ♪ ♪）や，フレーズの中に含まれる付点のリズム（♩. ♪）が特徴的です。これらのリズムを探して，始めのリズムを♩♪♪にしたり，付点のリズムを♩♩にして元の旋律と比べてみて，休符が入ったり，付点のリズムになっている方が，楽しい感じがすることに気付けるようにします。

❸階名唱により，フレーズごとの特徴に気付く

　教師の階名唱を聴いたり模唱したりして，フレーズごとに終わりの音から「続く感じ」「おさまる感じ」を考えて，4つめのフレーズが「ド」で終わることに気付けるようにします。

〈階名〉

♩ソドレ｜ミーミミミ｜ソーソソミ｜レド|レ|♩｜♩ミミソ｜ミーミミレ｜ミーミレド｜ララ|ソ|♩｜

♩ソドレ｜ミーミミミ｜ソーソソミ｜レド|レ|♩｜♩ソソミ｜レーレドラ｜ソドレーミ｜|ドー|ー♩｜｜

11 「春の小川」（文部省唱歌，高野辰之作詞，岡野貞一作曲）
歌詞とドレミで明るく楽しく歌いましょう

活動 歌唱　　**学年** 小学校第3学年

1 本題材で使用する曲の特徴

「春の小川」は，春にさらさらと流れながら，岸の花々や小川の中の生き物たちへ小川がやさしく語りかける歌詞です。歌詞でもドレミでも歌いやすい明るい歌です。A（a a'）B（b a'）の2部形式でつくられています。

2 読譜力向上のポイント

❶歌詞もドレミも覚えて歌う

aとa'は□で囲んだところが共通していますので，覚えやすい旋律です。歌詞も階名（ドレミ〜）も覚えて，春の歌らしく明るくのびやかに歌いましょう。

❷グループで体を動かしながら階名唱をする

ひもに結び目や色でドレミファソラシドをマークして，そのマークを歌いながら触ります。

> ミとファ，シとドの間は半音なので，他の半分の長さにマークして，音程の隔たりが視覚的にわかるようにしましょう。
> （2-❷の参考：井上恵理・酒井美恵子著『リトミックでつくる楽しい音楽授業』2012. 明治図書）

3 「春の小川」の階名と段ごとの特徴

12 「ふじ山」（文部省唱歌，巌谷小波作詞）
曲の盛り上がりを感じてのびやかに歌いましょう

活動 歌唱 **学年** 小学校第3学年

1 本題材で使用する曲の特徴

　富士山の美しさや雄大さを味わえる歌詞と，13小節目の曲の盛り上がりに向けた旋律の変化と曲の盛り上がりが児童の気持ちをとらえる名曲です。

2 読譜力向上のポイント

❶音符のたまをなぞるなどして，旋律の特徴を掴む

①楽譜の音符のたまをなぞりながら歌います。

②大画面に映した楽譜の音符のたまを空中でなぞって，旋律線を手で表しながら歌います。

③ワークシートに歌いながら旋律線を描くと，山脈のような線になります。13小節目が富士山に見えるかもしれません。教師が黒板等に描き，歌いながら見るのもよいでしょう。

〈記入例〉

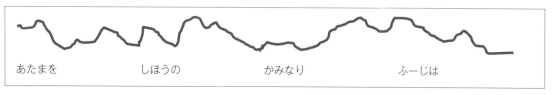

あたまを　　　　　しほうの　　　　　かみなり　　　　　ふーじは

❷リズムの変化から，曲の盛り上がりを見つける

①教科書が4段で記譜されているので，フレーズのはじまりが♩♪♪♩である段と違う段を見つけて，旋律の特徴をとらえ，曲の盛り上がりである4段目を見つけます。

②♩♪のリズムを♩♩に変えて歌ったりリズム打ちをしたりして，♩♪の方が躍動的で歌詞に合うことや，曲の盛り上がりのリズムとの違いが明確になるなどに気付いて，旋律の特徴を生かした歌唱表現につなげます。

❸階名唱に親しむ

　「ふじ山」は順次進行も多いのですが，3小節目の「レソ」や5小節目から6小節目の「ドラ」，12小節目から13小節目の「ソド」などの跳躍進行の旋律もあります。また，13小節目の「ドーラファ」の音程は歌いにくいです。階名唱に慣れておくと，相対的な音程感覚が身に付きますので，順次進行も跳躍進行も歌いやすくなります。「ソーソラソ｜ミードレミー｜〜」と階名唱を覚えて歌えるようにするとよいでしょう。

13 「さくら さくら」（日本古謡）
歌詞や旋律の特徴を生かしてのびやかに歌いましょう

活動 歌唱　　**学年** 小学校第4学年

1 本題材で使用する曲の特徴

　美しい満開の桜を表す歌詞と都節音階の旋律が特徴です。箏で演奏したり，音楽づくりと関連させたりするなど，多様な展開ができる歌です。曲の構成は，次のようになっています（同じ図形で囲んでいるところは同じ旋律です）。

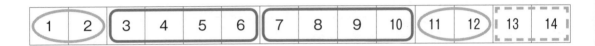

2 読譜力向上のポイント

❶都節音階や「さくら さくら」をドレミで歌ったり，歌いながら音符のたまを指でなぞったりする

　都節音階に基づく次の楽譜を見てドレミで歌ったり，「さくらさくら」をドレミで歌いながら音符のたまを指でなぞったりすることで，日本の音階の雰囲気を味わうことができるとともに，跳躍音程なども歌いやすくなります。

❷楽譜を見て，繰り返しているところと違うところを探す

　「さくら さくら（ララシー・ララシー）」という印象深い旋律が1，2小節と11，12小節に現れます。また，3〜6小節と7〜10小節は同じ旋律で，桜がどこに，どのように美しく咲いているかを歌う部分です。最後の13，14小節は他の旋律と異なるおさまる感じの音楽で曲を締めくくっています。楽譜を見てこれらの特徴を児童たちが見つけ，強弱や速度の工夫や，情景にふさわしい歌い方などを話し合って歌うことで，読譜力の向上につながります。

14 「まきばの朝」（文部省唱歌，船橋栄吉作曲）
日本と西洋の音階を意識して歌いましょう

活動 歌唱　　学年 小学校第4学年

1 本題材で使用する曲の特徴

「まきばの朝」は福島県にある岩瀬牧場の朝の美しさを詩にしたと言われています。岩瀬牧場は日本初の西洋式牧場として1880年に開かれました。1907年に，酪農がさかんなオランダから牛を輸入し，友好の記念にプレゼントされたのが，1番の歌詞にある「かね」です。そして，1〜8小節は西洋の音階である長音階，9〜20小節は西洋らしさと日本らしさがあると言われるヨナ抜き長音階でつくられているという特徴があります。

2 読譜力向上のポイント

「まきばの朝」を歌詞とドレミで歌えるようにしてから，音階を電子黒板に映すなどします。
〈示す五線譜〉

❶ゆっくりとドレミで歌いながら，1〜8小節で使われている音を確認します。使われた音に〇をつけていきます。「ドレミファソラシ」でできていることに気付くようにします。

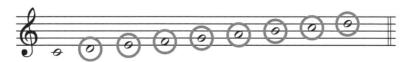

❷同じくゆっくりとドレミで歌いながら9〜20小節で使われている音を確認します。「ドレミソラ」のヨナ抜きでできていることに気付くようにします。

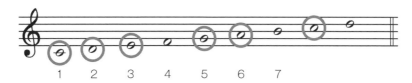

このような学習を経て，曲想と音階や歌詞の内容との関わりに気付いて歌うことで楽譜に親しむことができます。

※参考資料　津田正之・酒井美恵子編著『小学校音楽　授業プラン＆ワークシート中学年』2020. 明治図書

15 「とんび」（葛原しげる作詞，梁田貞作曲）
曲の特徴を生かして歌いましょう

| 活動 | 歌唱 | | 学年 | 小学校第4学年 |

1 本題材で使用する曲の特徴

　とんびは，日本各地に分布していて，ことわざに出てくるくらい昔から身近な猛禽類です。からすより大きいことや，翼を広げて気流に乗って旋回するような飛び方をするため，地上から見上げるとよく見えます。また，「ピーヒョロロ」とよく通る鳴き声も特徴です。

　「とんび」の歌詞はそのような特徴をよく表しています。旋律は，A（a a'）B（b a"）の2部形式です。3段目のbが鳴き声を表した部分です。歌詞と旋律が一体となって，鳴きながら大空を舞うとんびののびやかな様子を表現した作品です。

2 読譜力向上のポイント

❶段ごとの特徴を児童自らが見つける

　歌詞である程度歌えるようになったら，段ごとの特徴を見つけます。教科書を活用し，階名唱をしながら，1段目の音符のたまをなぞり，2段目，3段目，4段目が1段目と似ているかを考えます。そして，3段目は他の段と異なる特徴があることを見つけます。

❷3段目の強弱の工夫を考える

　まず♩♪♩の特徴的なリズムを丸で囲み，同じリズムで高さが異なることや，9，10小節と11，12小節が同じであることに気付いて，どのような強弱にするかを考えます。

3 ワークシート❷「3だんめの強弱の工夫」の記入例と思いや意図をもった歌唱表現

❶記入例

　グループで話し合いながら作品の特徴を手がかりに思いや意図をもてるよう，助言します。

　例1：高い声のとんびと低い声のとんびが呼びかけとこたえのようになっているので，強く，
　　　　弱く，強く，弱くとしたい。

　例2：近くのとんびと遠くのとんびが呼びかけとこたえのようになっているので，9，10小
　　　　節目が強く，11，12小節目は弱く歌うとよいと思う。

❷思いや意図を歌唱表現につなげる

　グループごとに強弱の工夫を発言し，みんなで実際に工夫して歌う学習を取り入れましょう。

「とんび」

～曲の特ちょうを生かして歌いましょう～

年　　　組

1 だんごとに特ちょうをとらえましょう。
2だんめ，3だんめ，4だんめのあてはまる方をかこみましょう。

1だんめ	音符のたまをなぞり，せんりつの特ちょうをとらえましょう。	
2だんめ	1だんめと	にている　　にていない
3だんめ	1だんめと	にている　　にていない
4だんめ	1だんめと	にている　　にていない

2 3だんめをどのように強弱を付けて歌うか工夫を考えましょう。

①「ピンヨロー」の音符を例のように丸で囲みましょう。

②どのような強弱を付けるかをグループで話し合いましょう。

　ヒント：音の高さで強弱を付ける，よびかけとこたえで考えるなど。

ピンヨローのせんりつを丸でかこむ

3だんめの強弱の工夫

3 曲の特ちょうを生かして工夫して歌う勉強にねばり強く取り組んだことや，
他のグループのよい工夫などについて書きましょう。

16 「もみじ」（文部省唱歌，高野辰之作詞，岡野貞一作曲，中野義見編曲）
パートの音の重なりに気を付けて歌い方を工夫しましょう

活動	歌唱	学年	小学校第4学年

1 本題材の特徴

　「もみじ」は，山の紅葉の美しさを感じることのできる歌詞と，上のパートを下のパートが追いかける部分や，両パートが同じリズムで響き合う部分などがあり，いろいろな音の重なりの面白さを楽しむことができる曲です。児童自身が音楽の特徴に気付いて，どのように歌うかの思いや意図をもって歌えるようにしましょう。

2 読譜力向上のポイント

❶主旋律である上のパートの特徴をとらえる

　教師による階名唱を聴いたり，模唱したりして，1段目と3段目は続く感じ，2段目と4段目は「ド」で終わるので，おさまる感じであることに気付くようにします。そして，1，2段目の旋律が似ていること，3，4段目では高い音が出てきて，曲が盛り上がることを感じられるようにしましょう。

❷楽譜を見て，上のパートと下のパートの関わりをとらえ歌唱表現の工夫に生かす

　ワークシートの楽譜を見て，上のパートと下のパートの関わり方を調べます。グループで話し合うと様々な気付きが生まれます。記入例を載せておきましたので，1，2小節の主旋律を下のパートが1小節遅れで「追いかける」という特徴を教師と児童が一緒に見いだして，それ以降の特徴は，児童が自ら見いだすという学習活動はいかがでしょうか。

3 階名と記入例

❶上のパートの階名

　ミーレドレーミー｜ドーーーソー♪　｜ドーシドレーソー｜ミーレドレー♪　｜
　ミーレドレーミー｜ドーーーソー♪　｜ドーシドレーソー｜ミーレードーー♪　｜
　ソーミファソーラー｜ソーーーミー♪　｜ソーラソミーレド｜レーミーレー♪　｜
　ソーラソミーレー｜ドーーーソー♪　｜ドーシドミーレー｜ドーーーー♪　｜

❷ワークシート記入例

あくまで記入例です。児童が気付いたり感じ取ったりすることを大切にしながら，歌う時の表現の工夫を引き出してください。

重なり：上のパートの2小節を下のパートが追いかけている。

工　夫：追いかけることで，あちらこちらにもみじがある感じで歌詞を大切に歌う。

重なり：3回追いかけた後に，下のパートのリズムが変わって，おさまる感じになる。

工　夫：リズムが変わったところは，上のパートをよく聴きながら合わせるように歌う。

重なり：同じリズムで一緒に進む。ハーモニーがきれいな重なり。

工　夫：上のパートは目立つようにのびのびと。下のパートは支える感じで。

重なり：13，14小節は，上と下のパートが反対の動き。15，16小節は同じリズム。

工　夫：下のパートの13小節目はリズムを正しく歌い，14小節目は声が大きくなりすぎないようにちょっと目立ちたい。

「もみじ」

～パートの音の重なりに気を付けて歌いましょう～

<u>　　　年　　　組　　　　　　　　　　　</u>

上のパートと下のパートの音がどのように重なっていますか。
どのような工夫をして歌ったらよいかの考えも書きましょう。

重なり：

工　夫：

重なり：

工　夫：

重なり：

工　夫：

重なり：

工　夫：

17 「こいのぼり」（文部省唱歌）
リズムや旋律の特徴を大切にして歌唱表現を工夫しましょう

| 活動 | 歌唱 | 学年 | 小学校第5学年 |

1 本題材で使用する曲の特徴

1番はこいのぼりが初夏の空に泳ぐ様子，2番はこいのぼりの堂々とした様子，3番は鯉が龍になるように子供の成長を願う歌詞となっています。これらの雄大な歌詞とリズムやのびやかな曲の山の旋律などが特徴の躍動的で生き生きとした歌です。

2 読譜力向上のポイント

❶付点のリズムを付点なしに変えて付点のリズムの躍動感を感じる

16回出てくる♩♪を♫に変えて歌うことで，♫のリズムの躍動感に気付いて，生き生きと歌えるようにします。また4回出てくる♩♪を♩♩にして味わいの違いを試すことも読譜力の向上につながります。

❷階名唱により，曲の構成に気付き，曲の山をのびやかに歌う

1段目の旋律の多くが2段目で繰り返されていることや，3段目と4段目は♫が減り，のびやかな旋律となり，4段目に一番高い音が出てきて曲の山がつくられることに気付くようにします。

18 「スキーの歌」（文部省唱歌，林柳波作詞，橋本国彦作曲）
歌詞や旋律の特徴を生かして歌いましょう

活動 歌唱　　**学年** 小学校第５学年

1 本題材で使用する曲の特徴

　歌詞は，スキーのスタート地点の様子，斜面を滑走している様子，さらに，滑走して谷を目指している様子と高揚する気持ちが表されています。繰り返される歌詞が特徴の一つです。旋律は躍動感のある１，２，４段目と，なめらかでのびやかな３段目が対照的です。そして２声に分かれる５段目で山の様子，自分の様子，自分の気持ちが強調され，歌詞と音楽が一体となってスキーのわくわくした気持ちが伝わる作品です。

2 読譜力向上のポイント

❶音符のたまをなぞりながら歌い，リズムや旋律の特徴を掴む

　付点や八分音符が多く出てくるリズムや跳躍進行が特徴的である躍動的な旋律を枠で囲みました（次ページ）。その旋律が１段目，２段目，４段目で繰り返されることに気付くようにします。また，３段目はリズムの特徴や旋律の動きがなめらかであること，５段目は他の段と異なるリズムであることをとらえるようにしましょう。

❷階名唱により，フレーズごとに「続く感じ」か「おさまる感じ」かを掴む

　フレーズごとに「続く感じ」か「おさまる感じ」かを問いかけ，教師が階名唱をしながら，児童と一緒に確認しましょう。階名の丸で囲んだところがフレーズの終わりです。「おさまる感じ」の「ド」は１，４，５フレーズであることがわかります。５段目は２声の下のパートが主旋律で「ド」で終わり，上のパートは重ねることで響きをつくるパートで「ミ」で終わります。

❸強弱記号を確認し，生き生きと強弱を付けて歌う

　「スキーの歌」はきめ細かく強弱記号が付いています。例えば f や mf といった強弱記号を見つけて，赤ペンで囲ったり，クレシェンド（＜）とデクレシェンド（＞）を見つけて赤ペンでなぞったりすると，楽譜上の強弱記号を意識して歌えます。このような活動を通して，「歌詞や旋律のまとまりと ＜＞ が一致している」などの特徴に気付いて，歌唱表現の工夫につなげられるようにしましょう。

3 「スキーの歌」の階名とフレーズごとの特徴

19 「冬げしき」（文部省唱歌）
歌詞の情景をイメージして表情豊かに歌いましょう

活動 歌唱 　　**学年** 小学校第5学年

1 本題材で使用する曲の特徴

　1番は人々がまだ起きていない朝の入り江の様子，2番は昼ののどかな畑の様子，3番は天気のよくない夕暮れの里の様子を表した歌詞です。聞きなれない言葉がありますが，丁寧に読み解き，情景がイメージできるようにして，起伏の大きな旋律を表情豊かに歌いたい作品です。3段目が曲の山です。

2 読譜力向上のポイント

❶リズムの特徴を見つける

　教科書は4段で記譜されていますので，1段目の楽譜を見て，リズム打ちをした後，同じリズムでできている段を探しましょう。1，2，4段が同じリズム，3段目前半が異なるリズムです。

❷旋律の特徴を見つけ歌唱に生かす

　1，2，4段の楽譜を見て，リズムが同じでも，旋律の特徴（音域，跳躍や順次などの音の動き）に違いがあることに気付いて，特に，跳躍音程を正しい音高で歌えるように練習します。また，3段目の4小節間はどのように歌いたいか，音高の変化などを読み取って，それに合う強弱の工夫などを楽譜に書き込み，歌唱表現を工夫する学習をします。これらの学習活動によって，歌詞の情景を思い浮かべ，曲全体のまとまりを意識して歌えるようにしましょう。

3 「冬げしき」の階名

教師の階名唱を聴いたり，模唱したりすると，旋律の特徴をとらえやすくなります。

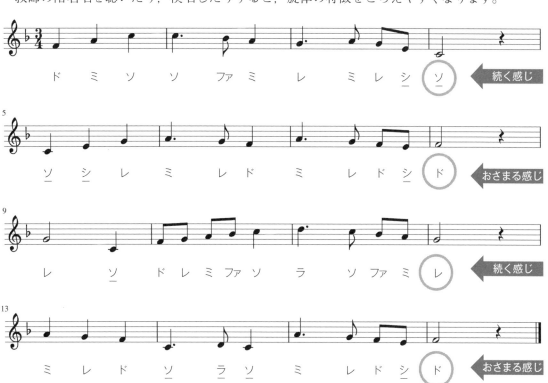

20 「子もり歌」（日本古謡）
2つの旋律の違いを味わいながら工夫して歌いましょう

活動 歌唱　　　**学年** 小学校第5学年

1 本題材で使用する曲の特徴

　教科書では，2種類の音階による「子もり歌」を紹介しています。明るい印象の律音階と，少し悲しげな印象の都節音階です。

2 読譜力向上のポイント

　「子もり歌」を歌ってもらった経験を思い出したり，教師が体験を話したりして，歌詞への理解を深め，心を込めて歌う心情を育みます。

❶リズムの特徴に気付く

　2，3，6，7小節目のリズム（ウタターターター）の楽譜（八分休符と八分音符，四分音符）を見て，もし2，3，6，7小節目のリズムが（ターターターター）（全て四分音符）だったら，どんな表現になるか歌ってみます。どちらが「子もり歌」に合っているか，その理由などを考えて話し合いましょう。「ウタターターター」の楽譜の読譜に親しむことができます。

❷楽譜を見ながら，2つの旋律の違いを味わう

　教科書を大画面で映しながら，教師がラララで歌ったり，鍵盤楽器などで演奏したりして，「フラットの付いていない旋律である律音階」と「フラットの付いた旋律である都節音階」それぞれの音楽の雰囲気を感じ取り味わいの違いに児童が気付けるようにします。

❸グループごとに好きな味わいの旋律を選び歌唱表現をする

　両方を歌えるようになったら，「赤ちゃん」が心地よく寝るために律音階と都節音階のどちらがよいかを選びます。グループごとに，「どのような強さ，速さ，高さ，声の音色で歌ったら赤ちゃんは心地よいだろうか」などを考えながら，歌唱表現を工夫していきます。「子もり歌」なので，頭声発声ではなく，話し声のような声の音色も合います。

21 「越天楽今様」（日本古謡，慈鎮和尚作歌）
日本らしい歌の特徴を感じ取って歌いましょう

活動 歌唱　　学年 小学校第6学年

1 本題材で使用する曲の特徴

　「越天楽今様」は，雅楽「越天楽」の旋律に歌詞を付けた歌です。雅楽「越天楽」の音階である律音階と七文字五文字が繰り返される日本の春と初夏の様子の歌詞が特徴です。なお，1番の「かからぬみねこそ」だけが8文字です。その他は8拍の中に7文字を入れるため，はじめや途中で1文字2拍になり，ゆったりとした感じになっています。4段のうち1，2，4段は「ラララソ｜ラーー♪」という旋律が共通しています。

2 読譜力向上のポイント

❶楽譜を見て歌いながら，似ているところと違うところを見つけて，表現を工夫する

　ソーララ｜ミミレミ～のようにドレミで歌いながら，音符のたまを指でなぞったり大画面に映した楽譜の音符のたまを空中でなぞったりして，日本の音階に基づく旋律の音の動きに慣れるとともに，似ているところと違うところを見つけます。3段目だけが他と異なる旋律であること，4段目は一番高い音が出てくることなどに気付いて，歌詞とも関わらせながら，どのように表現を工夫して歌うかを考えます。

3 「越天楽今様」の歌唱表現の工夫例

　あくまで児童が考える工夫例ですので，児童の多様な発想を生かしてください。

〈1番の工夫の記述例〉

段	工夫
1段目	春の感じで，やわらかくなめらかに歌う。
2段目	山を見わたす感じで，「やまべ」を強く歌う。
3段目	他の段と旋律が違うので，目立たせたい。音が低いので，よく伝わるように言葉を大切に，「の」を伸ばして音が変わるところをていねいに歌う。
4段目	一番高い音が「みね」なので，曲の終わりを盛り上げる感じで歌う。

22 「おぼろ月夜」（文部省唱歌，高野辰之作詞，岡野貞一作曲）
強弱を工夫して曲にふさわしく歌いましょう

活動 歌唱　　**学年** 小学校第6学年

1 本題材で使用する曲の特徴

　春霞がかかる季節の夕暮れとおぼろ月に照らされる美しい情景が，8文字6文字のまとまりの歌詞で表されています。4つのフレーズを見比べると3つめのフレーズが音楽の山で，それぞれ旋律の動きは異なりますが，ほぼ同じリズムであることや，「続く感じ」「おさまる感じ」という2フレーズで一つのまとまりになる特徴があり，歌いやすく言葉やリズムの繰り返しが心地よい名曲です。

2 読譜力向上のポイント

❶階名唱により楽譜に親しみ，「続く感じ」「おさまる感じ」をとらえる

　楽譜を見ながら階名唱で歌い，音程感覚などを養うとともに，1段目が「続く感じ」，2段目がドで終わるので「おさまる感じ」，3段目が「続く感じ」，4段目が「おさまる感じ」であることを掴み，2段でひとまとまりとなる作品の構成に気付けるようにします。

❷リズムを見比べる

　4段ともほぼ同じリズムですが，3段目の丸で囲んだ1拍だけが異なることを見つけ，3段目の中の1拍のリズムが異なることで音楽の豊かな動きが生まれることや，3段目の前半は高い音が続くことなどから，3段目が曲の山であることに気付けるようにします。

❸強弱を考えて，記入する

　1番と2番の歌詞で好きな方をグループで選び，強弱を考えて記号を書きます。学級のみんなに強弱の理由とどのように歌ってほしいかを伝え，学級で歌唱表現の工夫をして歌います。

3 ワークシート2の記入例

記入例はあくまで例ですので，児童のこのように歌いたいという思いを大切にしてください。

選んだのは2番です。

理由は　〜も〜もと「も」が5回あり，それらの情景がおぼろ月ですべてかすむという詩がきれいで，感動したからです。

歌詞：た　な　か　のこ　み　ちーを　た　ど　る　ひ　と　も

工夫：1段目の歌詞は少し遠くの感じなので*p*を、2段目は*mp*として＜＞を付けた。

歌詞：さ　と　わ　の　ほ　か　げーも　も　り　の　い　ろ　も

工夫：歌詞の「〜も」「〜も」をひとまとまりにしたいので＜＞とした。

歌詞：か　わ　ず　の　な　く　ねーも　かーね　の　お　と　も

工夫：音が聞こえてくる歌詞なので、*mf*で、ここも「〜も」で＜＞を付けた。

歌詞：さ　な　が　ら　か　す　めーる　お　ぼ　ろ　づ　き　よ

工夫：それまでの情景がすべてかすむので*p*で、その理由の「おぼろ月夜」は*pp*で大切に歌う。

「おぼろ月夜」

～強弱を工夫して，曲にふさわしく歌いましょう～

<u>　　　　年　　　組　　　　　　　　　　　　　　</u>

1 「おぼろ月夜」の音楽の特ちょうを調べてみましょう。

①ドレミで歌えるようになりましょう。そして「続く感じ」か「おさまる感じ」かを見つけましょう。

②段ごとにリズムを比べてみましょう。ちがうところが１拍あります。見つけましょう。

2 １番か２番を選んで，歌詞や**1**で見つけた特ちょうを生かして，強弱を工夫しましょう。

選んだのは□番です。理由は，_____

①音符の下に選んだ歌詞を書き，②音符の上に強弱を書き入れて，③どのようにクラスのみんなに歌ってほしいか工夫を書きましょう。

52

23 「われは海の子」（文部省唱歌）
歌詞とリズムや旋律の関わりなどに気を付けて歌いましょう

活動 歌唱　　**学年** 小学校第6学年

1 本題材で使用する曲の特徴

　日本は島国で，身近に海がある人々がたくさんいます。海辺で育ち，そのふるさとを大切に思う気持ちのこもった歌です。特徴的な♩♪のリズム，七五調の歌詞とリズムや旋律との関わり，強弱のよさなどに気付いて，のびやかに歌いたい歌です。

2 読譜力向上のポイント

　歌詞の内容を知り，旋律がある程度歌えるようになったら，次の活動を行いましょう。

❶七五調の歌詞と旋律との関わりに気付く

　七五調の歌詞を朗読して，教科書の楽譜を見ながら，1行の歌詞が4小節の旋律になっていることに気付けるようにします。

❷強弱を意識して，リズムを手で打つ

　クレシェンドとデクレシェンドを意識して，手で打ちます。フレーズ内の強弱の変化に気付くことができます。

❸階名唱により，1段目と3段目はソで，2段目と4段目はドで終わることに気付く

　教科書の楽譜は2♯のニ長調で記譜されていますが，「先生が階名で歌ってみますので，それぞれの段の終わりの音に注目してください」などの発問と範唱をし，1段目と3段目の終わりが続く感じのソ，2段目と4段目が終わる感じのドであることに気付きます。

　　1段目：ドーーソソ｜ドーシドレ｜ミーレミラ｜ソーー○｜
　　2段目：ラーソラシ｜ドードソミ｜レファミーレ｜ドーー○｜
　　3段目：レーーレレ｜ミーファソソ｜ラドシーラ｜ソーー○｜
　　4段目：ラーソラシ｜ドーーソミ｜レファミーレ｜ドーー○‖

❹児童が階名唱の模唱をしながら，旋律の上下を手で表し，曲の山を見つける

　片手でもよいのですが，両手を旋律線に沿って上下させる方が，14小節目（4段目の2小節目）の高くて伸ばす音ののびやかさを感じ取ることができるので，おすすめです。

24 「ふるさと」（文部省唱歌，高野辰之作詞，岡野貞一作曲）
歌詞の情景を味わい，曲の構成を生かして歌唱表現を工夫しましょう

活動 歌唱　　**学年** 小学校第6学年

1 本題材の特徴

　「ふるさと」は故郷を離れて暮らす人が，生まれ育った故郷の自然やそこにいる両親や友人を想う気持ちなどを表した歌詞と，口ずさみやすく親しみやすい旋律が特徴です。歌う人も聴く人も，それぞれの故郷や大切な人々を思い出すような歌です。ここでは，その魅力を音楽の構成の視点からとらえ，グループで1，2，3番から一つ選んで歌詞に応じて強弱を工夫する学習活動を紹介しています。

2 読譜力向上のポイント

❶教師の階名唱を聴いたり模唱したりして段ごとの「続く感じ」「おさまる感じ」をとらえる

　ワークシート**1**を活用してください。ドで終わる段が「おさまる感じ」です。

　「ふるさと」の階名は下記のとおりです。

❷楽譜を見て，１段目と同じリズムの段と異なる段を見つける

　ワークシート**1**を活用してください。１，２，４段が同じリズムで，３段目が異なるリズムです。

❸１〜３番のうち，グループで好きな歌詞を選んで，歌詞や曲想に合った強弱を工夫する

　ワークシート**2**の学習活動です。教科書にはきめ細かく強弱が記してありますが，例えば「（３番）「志を果たして」は自分の決意を表すような力強い*mf*で，「ふるさと」は*p*だけれど言葉と思いが伝わるように，「水は清き」は柔らかい声の*mf*で歌いたい」というような歌詞に応じた強弱を考えたり，「３段目は他と異なる音楽なので，９小節と10小節は１小節の中に＜＞をつけて目立たせたい」というような音楽の構造と関わらせた思いや意図をもてたりするようにしましょう。

「ふるさと」

～歌詞の情景を味わい，曲の構成を生かして歌唱表現をしましょう～

<u>　　　　年　　　　組　　　　</u>

1 「ふるさと」の主旋律(せんりつ)について，段ごとに特ちょうを見つけて〇で囲みましょう。

①階名唱をして，続く感じかおさまる感じかをとらえましょう。

②教科書の楽ふを見て，1段目と同じリズムかちがうリズムかを見つけましょう。

	①	②
1段目	続く感じ　おさまる感じ	♩♩♩ | ♩.♪♩ | ♩♩♩ | ♩ 𝄾
2段目	続く感じ　おさまる感じ	（1段目とリズムが）　同じ　　　ちがう
3段目	続く感じ　おさまる感じ	（1段目とリズムが）　同じ　　　ちがう
4段目	続く感じ　おさまる感じ	（1段目とリズムが）　同じ　　　ちがう

2 1，2，3番の好きな歌詞を一つ選んで〇の中に書き，グループで強弱を工夫して歌いましょう。

選んだのは 　　　　 番です。

次のような感じに歌いたいと思います。

3 ①自分たちでねばり強く工夫したこと，②他のグループのよいところを書きましょう。

①

②

25 「赤とんぼ」（三木露風作詞，山田耕筰作曲）
強弱と音の高さを工夫して歌いましょう

活動 歌唱　　**学年** 中学校

1 本題材の特徴

　赤とんぼを見ながら過去を思う16行の歌詞と，ゆったりとした３拍子の音楽で，大きな山を描くような美しい旋律により，歌詞の行間にある心情までも味わえる作品です。きめこまやかな強弱が付けられています。

　本題材は，教科書を用いて，曲想と旋律や歌詞の情景や心情とを関わらせて歌詞唱ができるようになってから，グループで１番から４番のうち一つを選び，強弱と，歌う高さを工夫して歌唱表現します。

2 読譜力・記譜力向上のポイント

❶ワークシートのハ長調の楽譜で階名唱を覚えて歌えるようにする

　変ホ長調の楽譜を見て，階名唱するのではなく，ハ長調の楽譜を用意しました。何度も歌って階名を覚えて歌えるようにします。その際，いろいろな高さで歌うことで，移動ド唱法のよさに気付けるようにしましょう。

❷教科書の強弱を参考にしながら，歌詞に応じて強弱をきめこまやかに記譜する

　１番から４番まで，情景や心情を丁寧にイメージして，合う強弱を考えて，楽譜に記号を書き入れる経験により，楽譜に書かれた記号への理解が深まります。

❸歌詞に合った声の高さを考えて歌う

　例えば「一人で思い出して懐かしさをもって歌っている感じにしたいから，教科書の高さよりも少し低く歌った方がよい」や「いろいろな思い出があって，今の自分がいるので，少し高めの音で未来に向けて歌いたい」などの思いや意図と高さを関わらせて，グループで歌唱表現をします。その際に，❶で経験した階名唱が生きて働きます。

「赤とんぼ」

～グループで強弱と高さを工夫して歌いましょう～

<u>　　　　年　　　組　　　　　　　　　　　</u>

グループで1番から4番のうちひとつを選んで，強弱と歌う高さを工夫して発表しましょう。

①選んだのは　　　　番です。

②歌詞を音符の**下**に書きましょう。

③歌詞の情景や心情を踏まえて，強弱を音符の**上**に書きましょう。

工夫したこと

④歌う高さは教科書と比べて（　同じ　　高い　　低い　）

その理由

強弱

歌詞

強弱

歌詞

59

26 「荒城の月」（土井晩翠作詞，滝廉太郎作曲）
歌詞や音楽の味わいを生かして歌いましょう

活動	歌唱	学年	中学校

1 本題材で使用する曲の特徴

　昔から今も変わらぬ月と，栄えたり戦をしたりするなど変化した城の様子により，人の世の栄枯盛衰を表した七五調の歌詞を，短調の哀愁を帯びた美しい旋律で歌う名曲です。形式はa-a'-b-a'です。原曲と山田耕筰による補作編曲版には，臨時記号のシャープの有無，1拍の中の音符の扱い，ｂの部分のリズムの変化などの違いがあります。本書ではシャープの有無を歌の聴取と楽譜から，1拍の中の音符の扱いは楽譜と指揮や拍を感じながら歌う活動から，ｂの変化は楽譜からとらえる事例を紹介しています。これらにより，原曲と補作編曲版それぞれのよさを味わい，歌唱表現に生かすことができます。

2 読譜力向上のポイント

❶楽譜を見て聴き，原曲と補作編曲版の違いをとらえる

　ワークシート**1**①の学習活動です。「はるこうろうの　はなの㋐ん」の㋐に，原曲では半音上がる臨時記号の♯が付けられています。楽譜を見ながら聴き比べることで，読譜力が高まります。

❷楽譜を見て，特徴を見つける

　ワークシート**1**②の学習活動では，共通点として，「4分の4拍子であること」「○のついている音以外は同じ旋律線であること」，異なる点としては，「原曲は1拍に八分音符が2つ入っているけれど，補作編曲版では，1拍に四分音符一つであること」などを見いだします。ワークシート**2**では，a-a'-b-a'のｂを見比べて違いを見つけます。

「荒城の月」

～歌詞や音楽の味わいを生かして歌いましょう～

年 _____ 組 _____

1 原曲と補作編曲版の特徴を見つけましょう。

①原曲と補作編曲版の「はるこうろうの　はなのえん」の部分を聴いて，気付いたことや感じ取ったことを書きましょう。

原曲

補作編曲版

気付いたことや感じ取ったこと：_____

②上の原曲と補作編曲版を見て，同じところと違うところを見つけましょう。

同じ：_____

違う：_____

2 教科書の原曲と下の補作編曲版の３段目を見て，リズムの違いを見つけましょう。

原曲と違うリズム：_____

3 原曲と補作編曲版を，指揮をしながら歌ったり，拍を感じながら歌ったりして味わいの違いを感じましょう。

原　曲：_____

編曲版：_____

4 **1**～**3**で学んだことを生かし，グループで音楽表現を工夫して歌いましょう。

工夫点：_____

27 「早春賦」（吉丸一昌作詞，中田章作曲）
曲想と形式や強弱及び歌詞との関わりを理解して，歌唱表現を工夫しましょう

活動 歌唱　　**学年** 中学校

1 本題材で使用する曲の特徴

　「早春賦」は，1番は春とは名ばかりの寒さで，うぐいすがまだ春ではないと鳴かない様子，2番は氷や葦の状況からもう春かと思ったがあいにく雪である様子，3番は春と聞いてしまったので気がはやる，この気持ちをどうしようという歌詞です。音楽はA（a，a'）B（b，a"）の2部形式で，Bのbとa"は異なる旋律ですが，同じ歌詞を繰り返していて，歌詞の内容が強調されています。早春の様子と春を待ちわびる人の気持ちが美しい歌になっています。

2 読譜力向上のポイント

❶教師の階名唱と楽譜から構成をとらえる

　ワークシート**1**の学習活動です。階名唱の際，終わりが「ド」であれば「おさまる感じ」，そうでなければ「続く感じ」というヒントをあらかじめ伝えておくとよいと思います。その後，フレーズの特徴からa，a' b，a"を理解できるようにしましょう。

❷好きな歌詞を書き，強弱を記入する

　歌詞と強弱の関わりなどに気付いて，ワークシート**2**につながるようにしましょう。

3 「早春賦」の階名とワークシート**2**の記入例

❶階名

　ソ｜ドーミソード｜ドーーラーラ｜ソーミファレソ｜ミーーーー　　　←続く感じ
　ソ｜ドーミソード｜ドーーラーラ｜ソーミソファレ｜ドーーーー　　　←おさまる感じ
　ソ｜レーソミーソ｜ファーミレーレ｜レーミファレラ｜ソーーミー　　　←続く感じ
　ソ｜ドーミソード｜ドーーラーラ｜ソミドソレミ｜ドーーーー　　　←おさまる感じ

❷ワークシート**2**の記入例

　あくまで記入例ですので，生徒が気付いたり感じたりしたことを大切にしてください。

〈記入例〉　a，a'，a"の旋律は，階段をかけ上がっていく感じ。bの旋律は，音がジグザグに動きながら少しずつ高くなる。この違いをはっきりと歌い分けたい。そして最後の **pp** は，春がまだ来ない残念な気持ちが伝わるようにていねいに歌いたい。

「早春賦」

～曲想と形式や強弱及び歌詞との関わりを理解して，歌唱表現を工夫しましょう～

年　　　組

1　楽譜を調べてみましょう。

①段ごとに「続く感じ」か「おさまる感じ」か，丸を付けて確かめましょう。

②２，３，４段の（　）の中に１段目と同じであればa，違う特徴があればbを入れましょう。

　また，aと似ていたらa'のようにダッシュを付けます。

③１～３番の中から好きな歌詞を選んで音符の下に書きましょう。

④教科書を見て，音符の上に強弱を書き入れましょう。〇には *mf*, *f*, *p*, *pp* が入ります。

　　　　　　　　　には ＜, ＞ が入ります。

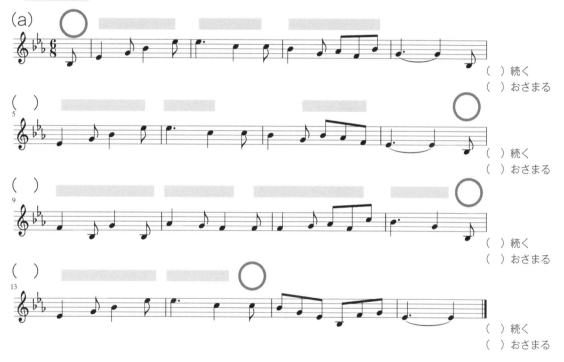

（　）続く
（　）おさまる

（　）続く
（　）おさまる

（　）続く
（　）おさまる

（　）続く
（　）おさまる

2　歌詞や強弱，形式を踏まえて，どのように歌唱表現を工夫するかを書きましょう。

28 「夏の思い出」（江間章子作詞，中田喜直作曲）
速度や強弱の変化を生かして歌唱表現を工夫しましょう

| 活動 | 歌唱 | 学年 | 中学校 |

1 本題材の特徴

　「尾瀬」「水芭蕉」という言葉を聞くと，この歌を思い出す人が多いと思います。水芭蕉の花が咲いている様子など尾瀬の情景が生き生きとイメージできる歌詞と，口ずさみやすく心に残る美しい旋律でつくられている歌です。A（ａａ）B（ｂａ'）の２部形式です。本題材では歌詞や旋律とともに，ピアノ伴奏の変化，きめ細やかな強弱記号や速度記号を読み取って，表情豊かに歌唱表現します。

2 読譜力向上のポイント

❶前奏や間奏，後奏も含めて小節番号を記入し活用する

　曲の始まりから終わりまで，楽譜上の小節番号を１小節ずつ記入します。１小節目は前奏，18〜21小節目は間奏，22小節目は後奏です。このように全ての小節に番号を振ると「○小節から歌いましょう」「○小節の特徴を調べましょう」と教師と生徒が小節番号で情報を共有できます。合唱曲のような長い作品の場合，練習記号ⒶⒷⒸなどと組み合わせて「練習記号Ⓑを見てください。○小節のパートの関わりに着目しましょう」などのように指示すると生徒は迷わず教師の示す小節に着目できます。

❷ピアノ伴奏の変化を楽譜からとらえる

　細かく音の高さがとらえられなくても，ピアノ伴奏を図形のように見るだけで，音の長さや重なり，なめらかさ，軽やかさなどをイメージできます。ワークシート**2**では，ピアノ伴奏が豊かに変化している様子を楽譜と音からとらえられるようにします。

❸着目する小節をしぼって歌唱表現の工夫を考える

　ワークシート**3**では11小節の強弱記号を，ワークシート**4**では16小節の強弱記号，速度記号などに着目して歌唱表現の工夫を考える例示をしています。

❹楽譜から読み取った情報から歌唱表現の工夫をする

　ここでは例示していませんが，全体を通して，*pp* から *mf* までの強弱の変化を歌詞や旋律の特徴と関わらせて確認し，楽譜から読み取ったことを生かして歌唱表現の工夫をするなどの学習が展開できます。

「夏の思い出」

～速度や強弱の変化を生かして歌唱表現を工夫しましょう～

年　　　組

1 教科書の「夏の思い出」に小節番号を1から22まで付けましょう。

> 前奏が1小節目です！

2 この曲は2部形式でできています。歌の旋律は A（a（2～5小節）a（6～9小節））B（b（10～13小節）a'（14小節～17小節））です。それでは，ピアノのパートはどのような特徴があるでしょうか。楽譜を見たり，聴いたりして特徴を考えましょう。

		ピアノの特徴
A	a	
	a	
B	b	
	a'	

3 10小節までは *mp* と *p* の強弱記号と ＜＞ が示されています。11小節目に *pp* が出てきます。①なぜ *pp* だと思いますか。②どのような歌唱表現をしたいですか。

①なぜでしょう？

②どのように表現したいですか？

4 16小節目に，*mp* と ⌢ が示されています。また，＜ と－（テヌート）が付いています。きめ細やかに付けられた記号を手がかりに歌唱表現の工夫を考えましょう。

29 「花」(武島羽衣作詞, 滝廉太郎作曲)
歌詞と曲想を生かして美しく歌いましょう

活動 歌唱　　学年 中学校

1 本題材で使用する曲の特徴

　春の隅田川でのボートの様子, 朝の桜や夕方の柳の様子, 川の堤や日暮れておぼろ月がのぼる様子などが7文字5文字の繰り返しで表されている七五調の美しい歌詞です。そして旋律の中に十六分休符が多く用いられ, 1番, 2番, 3番で旋律の動きやリズムが異なっているところがあるなど, 歌詞を大切にしている特徴があります。滝廉太郎は日本人の詩にその詩を大切にした音楽をつくりたいと, ドイツ留学を1年延期して, 1900年に名曲をたくさんつくりました。その1つがこの「花」です。

2 読譜力向上のポイント

❶十六分休符を楽譜から見つけ, 理由を考える

　「はるの♪うららの」「のぼり♪くだりの」「かいの♪しずくも♪」のように十六分休符が用いられています。楽譜から十六分休符を見つけ, 滝廉太郎が付けた理由を考えて話し合うなどしましょう。例えば「お休みを入れることで言葉を意識して大切に歌ってほしいのではないか」「言葉のまとまりを表していて, 意識して歌うと歌詞が人に伝わりやすいのではないか」など, 自由にディスカッションしましょう。楽譜を見て, 音楽を解釈する力が高まります。

〈1番の十六分休符〉

はるの　うらーらーの　すーみーだがわ　のぼり　くだーりーの　ふなびとが

かいの　しずくも　はなとちる　ながめを　なーにーに　たとーうべき

❷1番, 2番, 3番の主旋律の上下やリズムが異なるところを見つけ, 理由を考える

　理由例を載せていますが, あくまで例なので生徒の自由な発想を引き出してください。

〈2番の1番と違うところ〉

「1番は大きな川の様子を華やかに『隅田川』と歌うのに対して，『露浴びて』なので，繊細な感じにしているのではないか」「下のパートの部分なので，あまり高くない方が歌いやすいのではないか」など

〈3番の1番と違うところ〉

「『げに一刻も』という言葉のまとまりを目立たせるために1番，2番とはリズムを変えているのではないか」「歌詞は『ながめをなににたとうべき』で1番と同じだけれど，思いが高まる感じで音が高くなっていくと思う」など。

❸歌いにくいところは階名唱で練習する

音高が把握しにくく，歌うのが難しい箇所は，効果的に階名唱を取り入れてみましょう。まずは音階「（例）ドレミファソラシド　ドシラソファミレド」を歌ってから，歌いにくい箇所をていねいに階名唱すると，音程感覚を掴むことができます。3番の最後の下のパートを例示します。

30 「花の街」（江間章子作詞，團伊玖磨作曲）
作品の背景を知って，曲にふさわしい歌唱表現を工夫しましょう

活動 歌唱　　**学年** 中学校

1 本題材で使用する曲の特徴

　「花の街」は，第二次世界大戦が終わり，戦争の傷跡が残っていた時期にラジオで広まった歌です。1番と2番の明るく躍動的な歌詞と，3番の悲しく寂しい気持ちの歌詞が特徴です。その対比を感じて歌唱表現の工夫をしたい作品です。

2 読譜力向上のポイント

❶前奏から後奏まで小節番号を付ける

　64ページの「夏の思い出」でも紹介した読譜力向上の方法です。

❷フレーズごとに音楽の特徴をとらえる

　楽譜を見て，フレーズごとに音楽の特徴を調べます。その後の歌唱表現の工夫につなげます。

❸歌詞と，とらえた旋律などの特徴を手がかりに歌唱表現の工夫を考える

　楽譜を見て，1番，2番，3番のいずれかを選んで歌唱表現の工夫を考えて歌います。

3 ワークシートの記入例

　あくまで記入例です。なお，**1**と**3**の1，2番を略しています。

2 　17〜20（4小節）：八分休符があって歌が始まり，伴奏の「タタータ」のリズムは心の揺れ動きのように感じる。この形はその後もたくさん出てくる。心引かれる音型。

　21〜25（5小節）：5小節間でフレーズがつくられていることにびっくりした。初めて聴いた時に自由な感じがしたが，次のフレーズに気持ちがつながっていくと思った。

　26〜33（8小節）：26, 27小節が高さを変えて繰り返され，30小節からの4小節間はこの曲の一番の山だ。音を長く伸ばして歌う時，伴奏が高い音で細かく動いてキラキラしている。

　34〜38（5小節）：旋律が下降し，小さく膨らんでおさまる。花の街へのあこがれや願いが込められている感じ。

3 　3番：歌詞の情景や気持ちを表すために1，2番よりも少しゆっくり歌いたい。曲の山は鼻濁音に気を付けて，やわらかい感じで，伴奏をよく聴きながらしっかりと音を伸ばしたい。

「花の街」

～作品の背景を知って，曲にふさわしい歌唱表現を工夫しましょう～

年　　　組

1 どのような思いが込められていると思いますか。教科書の歌詞や歌をつくった人の言葉などから考えてみましょう。

| 番

2 番

3 番

2 曲にふさわしい歌唱表現の工夫をするために，音楽の特徴を調べてみましょう。

①前奏から後奏まで，小節番号を|から39まで書きましょう。

②歌のフレーズごとに特徴を調べましょう。

> 前奏が1～16，
> 後奏が39です

小節番号	気付いた特徴（リズム，旋律の流れ，強弱などの視点で）
17～20（4小節）	
21～25（5小節）	
26～33（8小節）	
34～38（5小節）	

3 歌詞や速度，旋律，強弱などを手がかりに，1番，2番，3番から一つ選んで歌唱表現をどのように工夫するかを考えて書き，歌ってみましょう。

（　　　）番

31 「浜辺の歌」（林古溪作詞，成田為三作曲）
曲想と強弱や形式，歌詞との関わりを理解して歌唱表現を工夫しましょう

| 活動 | 歌唱 | 学年 | 中学校 |

1 本題材で使用する曲の特徴

　「浜辺の歌」は，1番は朝の浜辺を歩き，過去のことが思い出される様子を，2番は夕方の浜辺を歩き，過去の大切な人が思い出される様子を表しています。A（a，a'）B（b，a'）の2部形式で，寄せては返す波がイメージできるような細やかなクレシェンドとデクレシェンドが付けられ，3段目のb部は，他の段と異なる音型や高い音等により，曲の山となります。本書では歌詞についてはワークシートで深く触れていませんが，情景を思い描きながら歌いたい歌です。

2 読譜力向上のポイント

❶楽譜から同じ旋律を見つけて，形式を学ぶ

　ワークシート**1**①の学習活動です。同じ旋律を見つけた後に，A（a，a'）B（b，a'）の2部形式であることを教科書の巻末にある用語や記号のページを活用して理解します。

❷楽譜上にクレシェンドとデクレシェンドを書くことで特徴を知る

　ワークシート**1**②の学習活動です。教科書を見ながら，　　　　　　　　　　に ＜＞ を書き入れて，a，a'部の波を思わせるような強弱の細やかな変化や，曲の山であるb部のゆったりとした強弱の変化等を楽譜から読み取ります。

3 ワークシート**2**の記入例

　あくまで記入例ですので，生徒が気付いたり感じ取ったりした内容を大切にしましょう。

〈記入例〉

　aとa'は波を思わせるような「強くなり弱くなる」が細かく付いている。この強弱の変化を意識して，浜辺で昔を大切に思っているように歌う。bは，**f**に向かって強くなり，だんだんと弱くなる。気持ちが高まる感じに歌って，ドラマティックなピアノの動きと一緒に曲の山をつくりたい。

「浜辺の歌」

～曲想と強弱や形式，歌詞との関わりを理解して歌唱表現を工夫しましょう～

年　　　組

1 「浜辺の歌」の構成を調べてみましょう。

①四角で囲まれた旋律と同じ旋律を四角で囲みましょう。

②教科書を見ながら，□□□□□□□に ＜（クレシェンド：だんだん強く），＞（デクレシェン
　ド：だんだん弱く）を書き込みましょう。

> 同じ旋律は２つあります。
> 段にまたがっているから気を付
> けてください。

2 曲想と強弱や形式，歌詞との関わりなどを踏まえて，どのように歌唱表現を工夫するか
　を書きましょう。

Column

楽譜の特性と配慮が必要な児童生徒への対応

1 楽器のポジションと直結する楽譜

　平成14（2002）年度から全面実施された中学校学習指導要領音楽では，器楽の指導において，「和楽器については，3学年間を通じて1種類以上の楽器を用いること」が示されました。箏や三味線の学習が始まると，多くの先生が，「五線譜に苦手意識をもっていた生徒たちが，意欲的に和楽器の演奏に取り組んでいる」との様子を話題にしていました。箏の糸の名称を書いた楽譜や，三味線のポジションを示した文化譜を用いた授業での様子です。その他，ギターのタブラチュア譜（いわゆるタブ譜）も，ギターの弦を押さえるポジションと一致している楽譜で，慣れると取り組みやすい楽譜です。

　これらの楽器のポジションと直結している楽譜は取り組みやすさがある反面，楽譜を見ても旋律の上下などの音楽の流れをとらえにくい特性があります。

2 五線譜の特性と親しむポイント

　五線譜は音符や休符を配置して，音の高さや長さを表しています。そして，速度や強弱，表情を示す記号などが書き込まれ，作曲した人がどのように音楽表現をしてほしいかがわかる仕組みになっています。五線譜を見ながら音楽を聴いたり，読譜して演奏したりして親しみ慣れていくと，五線譜を見ると「弾む感じのリズムの音楽だ」「おだやかな感じの旋律だ」などをとらえることができるようになります。

　本書では，歌ったり聴いたりしながら音符のたまを指で押さえたり，旋律に応じて身体を動かして音の高さの変化や音楽の流れを実感したりする活動を紹介しています。小学校の低学年から継続していただくことで，五線譜に親しむことができます。

3 楽譜と移動ド唱法

（1）移動ド唱法の効果

　本書では，歌唱において，教師が階名唱をしたり，子供がそれを模唱したりすることで，音楽の特徴をとらえる事例を複数紹介しています。歌詞で歌うことに加えて，移動ド唱法を取り入れることで，何調であっても，例えば「続く感じのフレーズ」「ドで終わるので，おさまる

感じのフレーズ」などをとらえやすくなります。また，相対的な音程感覚が育まれるので，例えば歌いにくい音程を移動ド唱法で確認するなどにより，歌いやすくなります。

（2）歌唱と器楽の読譜のポイント

　読譜については，小学校学習指導要領（第5学年及び第6学年）では，ハ長調とイ短調の楽譜を見て歌ったり楽器を演奏したりすることが示されています。折々楽譜を見てドレミで歌う学習を取り入れることが大切です。器楽の学習でもドレミで歌う学習は大切です。中学校学習指導要領では，1♯，1♭程度をもった調号の楽譜の視唱や視奏に慣れさせることが示されています。歌唱では，調号を理解して主音の位置を知り，生徒自らが移動ド唱法で歌えるようにしたいのですが，主音の位置を知って移動ド唱法をするのは，かなり楽譜に慣れていないと難しいことです。小学校で身に付いている読譜力を確認して，無理なく進めていきましょう。

　器楽の場合は楽器のポジションと一致させる観点から，音名（固定ド）で読譜をします。

4 読譜や記譜について配慮が必要な児童生徒

　NHK for School の「ふつうってなんだろう」をご覧になったことがあるでしょうか。まわりの人に理解されにくい困りごとについて，短いアニメーションや実写の座談会で紹介しています。

　読譜や記譜についても，著しく困りごとがある児童生徒がいます。もし担当する児童生徒の中にいましたら，学級担任，学年主任，養護教諭，特別支援コーディネーター，スクールカウンセラ

「ふつうってなんだろう」

ーなどと情報共有していただけたらと思います。読み書き障害の児童生徒の場合があります。また，同じ障害名でも，個々によって特性が異なりますので，専門家の診断等により特性がわかりましたら，どのような配慮が必要であるかを本人や保護者などと相談しましょう。

　配慮は様々なことが考えられます。器楽の読譜で例示します。

　例1：楽譜にドレミを書く。

　例2：色や形を工夫した楽譜を用いる（フィギャーノートなど）。

　例3：ドレミを音声で録音して提供する。

　例4：音符の下に，対応する運指の図（リコーダーなど）やタブ譜（ギターなど）を付ける。

　例5：漢字の楽譜の中で読めない字にふりがなをふる。

　読譜や記譜の力が無理なく楽しく高まるような授業を展開してください。

32 「たん」と「うん」のリズムを打って 楽しみましょう

| 活動 | 器楽 | 学年 | 小学校第1学年 |

1 本題材の特徴

　●は音を出す記号，○はお休みをする記号として，教師が手を打つのを聴き取り，手を打った拍は塗り，お休みは塗らないという経験をします。その後，●と○を見ながら，拍の流れにのってリズムを打って楽しみます。

2 読譜力・記譜力向上のポイント

　あらかじめ，4拍の「まねっこリズム」を経験しておくとよいでしょう。例えば，「♩♩♩𝄽」のリズムを教師が手で打ち，児童が拍の流れにのって真似をする活動です。

❶ワークシートに取り組む前に児童と一緒に方法を確認する

　例えば「先生が手を打ったら○を塗って●にします。手を打たないところは塗りません」と伝えて，大画面にワークシートを映し，「たんたんたんたん｜たんたんたんたん」と唱えながら手を打ちます。そして，「どの○を塗ったらよいでしょう」とクイズを出して，全員が「全部塗る」ことを理解できるようにします。次に，「たんうんたんうん｜たんうんたんうん」と唱えながら手を打ち，●○●○｜●○●○とすることを児童が気付けるようにします。

❷ワークシート❶の時に，「うん」はお休みであるポーズをする

　教師は「たん」と「うん」を唱えながら，打ちます。「たん」は音が鳴りますのでわかりやすいので，「うん」は両手をグーの形にして，視覚的にもお休みをしていることを伝えましょう。

うん

3 振り返りの工夫

　児童が文言を丸で囲めばよいようにしました。全員が「とても楽しくできました」に丸をするように，教師は明るく楽しく，そして一人一人をよく把握して授業を進めてください。

たん と うん のリズムをたのしみましょう

ねん　　くみ
_____

1 先生が手をうった拍をぬりましょう。

① ○○○○ | ○○○○

② ○○○○ | ○○○○

2 ぬってある●のところを手でうちましょう。

① ●●●○ | ●●●○

　たん　たん　たん　うん　　　たん　たん　たん　うん

② ●○●○ | ●○●○

　たん　うん　たん　うん　　　たん　うん　たん　うん

3 きょうの音楽のべんきょうをふりかえり，まるでかこみましょう。

とてもたのしくできました　　　たのしくできました

33 「かえるの合唱」でリズム打ちや 鍵盤ハーモニカの演奏を楽しみましょう

活動 器楽　　学年 小学校第2学年

1 本題材の特徴

　「かえるの合唱」を教材として，リズム打ちをしたり，鍵盤ハーモニカを演奏したりして楽しみます。事前に歌詞で歌って楽しんでおくとよいでしょう。

2 読譜力向上のポイント

❶楽譜を見ながら階名唱する

　ワークシートの楽譜は1段目にドレミをひらがなで記してありますが，2段目は音符だけにしました。2段目は，「ドレミは書いてないけれど，音符を読んでみましょう」と励まして，読譜の体験をしましょう。1段目に使っている音ばかりで2段目ができています。

❷楽譜を見ながらリズム打ちをする

　「かえるの合唱」の楽譜を見ながら，リズム打ちをします。●を「たん」，♩を「うん」と読む練習をした後に行うことで取り組みやすくなります。

❸鍵盤ハーモニカを演奏する前に，楽譜を見ながら空中で運指の練習をする

　鍵盤ハーモニカを演奏する前に，大画面にワークシートの楽譜を映し，それを見ながら，空中で運指を経験しておきます。教師と児童が階名唱をしながら運指の練習をすることができたら，鍵盤ハーモニカを演奏する際に，鍵盤に集中して演奏しやすくなります。

3 鍵盤ハーモニカの演奏が上達するポイント

❶ポジションの移動だけを体験する

　「かえるの合唱」を鍵盤ハーモニカで演奏する場合，3小節目と5小節目に手のポジションの移動があります。ポジションの移動だけを体験しておくと，円滑に鍵盤ハーモニカの演奏をすることができます。大画面で矢印を指示棒などで示し，手のポジションを移動する経験を空中や鍵盤上で行っておきましょう。

❷（発展）輪唱のようにずらして楽しむ

　「かえるの合唱」は輪唱に向いている作品なので，学級を2つに分けて，2小節遅れで合わせて楽しむことができます。

「かえるのがっしょう」

～リズムを手でうったり，けんばんハーモニカでひいたりしましょう～

年　　　組

かえるのがっしょう

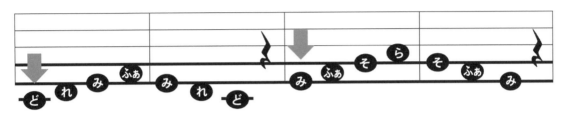

1 「かえるのがっしょう」をリズムうちしましょう。

〈たん　と　うん　のれんしゅう〉

たん　　たん　　たん　　うん　|

2 「かえるのがっしょう」をけんばんハーモニカでひきましょう。

のおんぷが１のゆびです。手をずらしてひきましょう。

１のゆび

3 「かえるのがっしょう」のべんきょうをふりかえりましょう。

とてもよくできた　　　　　　　　よくできた

34 "パートナーソング"を ソプラノ・リコーダーで重ねて楽しみましょう

活動 器楽　　**学年** 小学校中学年以上

1 本題材の特徴

　異なる2つの歌を同時に歌い，ハーモニーを楽しむことができる曲同士を"パートナーソング"と呼びます。同じ拍子・小節数・和音進行などによって，1つの合唱曲のように響き合います。本題材ではフランス民謡の「きらきら星」とドイツ民謡の「かすみか雲か」をリコーダーで同時に重ねて演奏して楽しみます。ソプラノ・リコーダーの一番下の音を用いますので，リコーダーの学習をある程度経験した児童を対象としてください。

2 読譜力向上のポイント

❶使用する音の運指をあらかじめ練習する

　「きらきら星」は6つ，「かすみか雲か」は7つの音を吹きます。曲を吹く前に使用する音の運指を確認し，練習することで，取り組みやすくなります。迷った時は教科書の巻末にあるリコーダーの運指表で確認するよう伝えましょう。

❷リコーダーの技能によって「きらきら星」か「かすみか雲か」を選ぶ

　「かすみか雲か」は「きらきら星」よりもリズムが複雑であるとともに，運指が高度になります。リコーダーを持ち，2つの曲の楽譜を見てドレミで歌いながら運指を練習して，児童自身が取り組みたい曲を選べるようにするとよいでしょう。

❸楽曲の構成を踏まえて分担することも可能

　どちらの曲も，フレーズを反復しているため，楽譜の半分を読めば，全部を演奏できるという特徴があります。そこで，クラスを次のように分けて，他のグループの音の重なりの面白さなどを聴いたり，自分が演奏をしたりする学習が行えます。

- 「きらきら星」グループと「かすみか雲か」グループに分ける
- さらに「1段目3段目グループ」と「2段目グループ」(リコーダーが苦手な児童も取り組める部分)に分ける

〈曲の構成〉

Aのフレーズ	
Bのフレーズ	Bのフレーズの反復
Aのフレーズの反復	

"パートナーソング" をソプラノ・リコーダーで楽しみましょう

年　　　組

1 「きらきら星」をリコーダーでふけるようにしましょう。

①使う音をかくにんしましょう。指づかいがわからない時は教科書の運指表で
かくにんしましょう。

②「きらきら星」を練習しましょう。

2 「かすみか雲か」をリコーダーでふけるようにしましょう。

①使う音をかくにんしましょう。指づかいがわからない時は教科書の運指表で
かくにんしましょう。

②「かすみか雲か」を練習しましょう。

3 2曲を同時にふいてハーモニーを楽しみましょう。

35 箏に親しみましょう

活動 器楽　　**学年** 小学校中学年

1 本題材の特徴

　平成29（2017）年告示の小学校学習指導要領では，新たに第3学年及び第4学年の旋律楽器として和楽器が例示されました。「さくらさくら」を箏で演奏することが多いですが，その導入の段階で箏の縦譜にも慣れておくことで，箏曲や日本の伝統音楽の学習が深まるようにしましょう。

2 読譜力・記譜力向上のポイント

❶糸の名称と縦譜の一致に気付く

　ワークシート**2**の①から③では，楽譜を縦に読みながら，糸の名称が書かれていること，◉がお休みを表すこと，横線が拍を表すことなどに気付いて，七の糸で演奏を体験します。

❷七の糸に親しみ，リズムを考えて書く

　ワークシート**2**の④では，自分が考えたリズムを楽譜に書いて演奏します。この時に，例えば隣の児童が考えたリズムを互いに演奏し合ったり，何人かの児童の作品を大画面で映してみんなで演奏したりする活動を取り入れると，縦譜の読譜力と記譜力が向上します。

❸八と七の糸でわらべ歌の一部を演奏する

　ワークシート**3**では，使う糸を1本増やし，縦譜を見ながら八と七で「たこたこあがれ」と「ほたるこい」を演奏します。2音でも豊かな響きと旋律の面白さを味わえます。複数人で一面の箏を用いる場合，待っている児童が歌詞で歌うと，歌と楽器を合わせて楽しむことができます。

3 ワークシート**1**の正答

　答えやすいクイズを学習の導入としました。正答は下記の通りです。

①13本（13本を確認したら，奥から順に一，二，三〜と糸の名称を教えましょう）

②音が高くなるのは奥から手前（親指だけ爪を付けて，手前から順に次の糸に爪を当てるように弾いてみましょう。次に奥から手前に弾いてみましょう。その経験から奥から手前に演奏すると高くなることを音の変化とともに気付けるようにします）

おことに親しみましょう

年　　組

1 （おことクイズ！）おことをひく位置にすわってこたえましょう。
①おことの糸は何本ですか。
②すわった位置から見て，音が高くなるのは奥から手前ですか？手前から奥ですか？

2 親指につめを付けて，七の糸をいろいろなリズムでひいてみましょう。
　④は好きなリズムを書いてひいてみましょう。

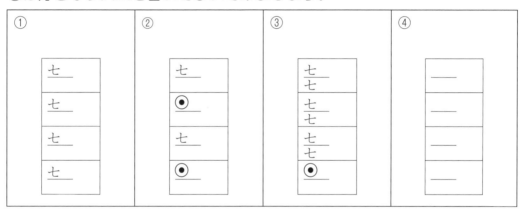

3 七と八の糸でひきましょう。

36 「そり遊び」でスタッカートとスラーを 工夫して楽しく演奏をしましょう

活動	器楽	学年	小学校中学年以上

1 本題材の特徴

　リコーダーでスタッカートとスラーの練習をしてから，工夫して演奏をする題材です。ソプラノ・リコーダーでもアルト・リコーダーでも行えます。教材曲は，モーツァルトが晩年に作曲したドイツ舞曲（K .605）より第3曲の「そり遊び」です。この曲はA‐B‐A‐コーダで構成されていますが，本題材ではAの前半を扱います。126ページの鑑賞後に行うとよいと思います。なお，ハ長調の1オクターブ（ドレミファソラシドの8つの音）の運指を丁寧に確認してから行いたい題材です。

2 読譜力・記譜力向上のポイント

❶音階練習をしながらスタッカートとスラーの記号に慣れる

　・（スタッカート）のついた音符は短く吹く，――（スラー）でくくられた音符は最初の音だけタンギングをして，後の音は指だけ動かしてつなげて吹くという練習をすることで，それぞれの記号の役割を実感することができます。

❷自分なりのスタッカートとスラーを考えて記譜する

　少しゆっくりとした速度で，実際に演奏をいろいろと試しながら，個人あるいはグループで音のつなぎ方を考えて記号で表します。この学習活動が，読譜力・記譜力を向上させます。

3 スタッカートとスラーの記入例

　下記は原曲に近い記入例ですが，本題材では自分なりの考えを尊重して，楽しく演奏できるようにしてください。

モーツァルトの「そり遊び」を工夫して楽しくえんそうしましょう

年　　組

1 （練習）スタッカートとスラーで音階練習をしましょう。

①スタッカートの練習

②スラーの練習（4拍）

③スラーの練習（2拍）

2 スタッカートとスラーを工夫して，楽しくえんそうしましょう。

3 どのような思いでスタッカートとスラーを付けましたか。工夫点を書きましょう。

37 アルト・リコーダーに親しみ ハ長調とイ短調の曲を吹きましょう

活動 器楽　　学年 中学校

1 本題材の特徴

　アルト・リコーダーの導入的な学習として，「メリーさんの羊」（アメリカ民謡），「雪のおどり」（チェコ民謡）を吹いて楽しみます。86ページのギターの学習との関連を図ることもできる題材です。「メリーさんの羊」は左手のみの運指で演奏でき，曲を構成する音は5つです。「雪のおどり」は，6つの音で構成されていて，低音が出てくるためやわらかい息やタンギングをするとよいでしょう。また，「シ」の音の運指（バロック式）に注意が必要です。教科書などを用いて初歩的な奏法を練習してから取り組むとよいでしょう。

2 読譜力向上のポイント

❶曲を構成する音で音階練習をする

　ワークシートに音階練習ができる楽譜を付けました。ドレミで歌ったり，ドレミで歌いながらリコーダーを持って運指の練習をしたりして，曲を構成する音になじむことで，曲の読譜がしやすくなります。

❷曲はドレミで歌えるようにして，できれば覚える

　音階練習同様，ドレミで歌ったり，ドレミで歌いながらリコーダーを持って運指の練習をしたりしましょう。楽器に息を吹き込まないで運指だけを確認すると，戸惑う運指が見いだせます。「実際に吹いた時に戸惑わないように，ゆっくりと指の位置や動きを練習しましょう」と声をかけましょう。

❸タンギングで読譜する

　ドレミで歌いながら運指を確認するように，タンギングで「tu-tututu ｜ tututu～」と音の高低を付けて歌いながら運指の練習をすると，リコーダーを吹いた時にタンギングと運指が結びついたきれいな演奏につながります。

アルト・リコーダーに親しみましょう

年　　組

1 「メリーさんの羊」を吹きましょう。

使われている音を確認してから「メリーさんの羊」を吹きましょう。

2 「雪のおどり」をアルト・リコーダーで吹きましょう。

使われている音を確認してから「雪のおどり」を吹きましょう。

38 ギターに親しみ旋律の演奏やコード伴奏をしましょう

活動	器楽	学年	中学校

1 本題材の特徴

　高音弦や低音弦を用いてハ長調の音階を弾いたり，「オーラリー」の旋律を演奏したりすることで，楽譜の音高とギターのポジションを結びつける学習をします。その上で84ページのリコーダーの学習と関連を図り，「メリーさんの羊」はCとG7，「雪のおどり」はAmとEのそれぞれ2つのコードで伴奏します。なお，コードは低音弦で1つの音，高音弦で3つの音を弾くことで，ギターの経験のない生徒や手の小さい生徒もコード演奏に取り組みやすくしています。

2 読譜力向上のポイント

❶高音弦と低音弦による音階の運指練習は，ドから始めてドで終わる

　ハ長調の主音で始めて主音で終わる心地よさを味わえます。

❷音名を覚えてから運指練習や演奏に取り組む

　楽譜を読んで，音名で歌えるようにしてから演奏に取り組むと，運指の練習に集中できます。

3 本題材におけるコード演奏のポイント

❶低音弦は右手pで演奏，高音弦は右手i, m, aで演奏

　低音弦を1つの音を，高音弦を3つの音を弾く形で和音を構成します。フレットを押さえる数が少なく，また低音を弾いてから高音を弾くので，取り組みやすい演奏法です。

❷最後の小節の工夫

　終わった感じにしましょう。それぞれの終わり方の例を紹介します。あくまで例です。生徒に終わり方を考えさせるのも表現の工夫を促すよい学習です。

メリーさんの羊	雪のおどり

参考資料：今村央子，酒井美恵子著『「創作」成功の授業プラン』2012. 明治図書

器楽・中学校

ギターに親しみましょう

年　　組

1 高音弦を i と m で弾いてみましょう。

- 音符のそばの数字は左手の指番号です。
- ①②③は弦を示しています。

①枠で囲まれた音を高音弦で弾いてみましょう。ドから始めて順番に上に行ったり下に行ったりして，ドで終わります。

②慣れるまでは，ドレミと歌いながら，次の図を見ながら弾きましょう。

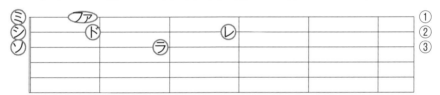

2 ドレミを覚え，高音弦で「オーラリー」を弾きましょう。

3 低音弦を p で弾いてみましょう。

・④⑤⑥は弦を示しています。

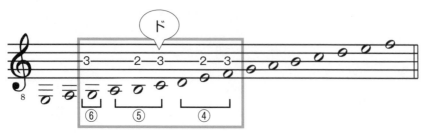

①枠で囲まれた音を低音弦で弾いてみましょう。ドから始めて順番に上に行ったり下に行ったりして、ドで終わります。

②慣れるまでは、ドレミと歌いながら、次の図を見ながら弾きましょう。

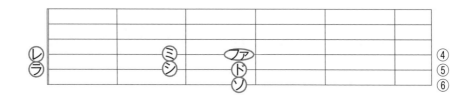

4 ドレミを覚え、低音弦で「オーラリー」を弾きましょう。

ギターでコードによる伴奏をしましょう

年　　　　　組

1　「メリーさんの羊」をコードで伴奏しましょう。

　「メリーさんの羊」はＣとＧ７で伴奏します。この２つのコードを下の楽譜のように弾いて，リコーダーなどと合わせて楽しみましょう。

〈Ｃ（シーメイジャー）〉

〈Ｇ７（ジーセブンス）〉

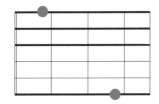

2　「雪のおどり」をコードで伴奏しましょう。

　「雪のおどり」は，ＡｍとＥで伴奏します。この２つのコードを下の楽譜のように弾いて，リコーダーなどと合わせて楽しみましょう。

〈Ａｍ（エーマイナー）〉

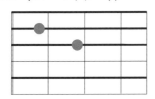

〈Ｅ（イーメイジャー）〉

39 篠笛で日本らしい音楽を吹きましょう

活動 器楽　　　　**学年** 中学校

1 本題材の特徴

　篠笛の音色や響き，奏法などについて教科書と文化デジタルライブラリーで学び，段階を追っていろいろな曲を吹き，篠笛に親しむ題材です。篠笛は一人一本，皆で一緒に吹く時のために同じ調子がよいでしょう。吹きやすいのは七本調子といわれますが，他の楽器と合わせるにはハ長調と合う八本調子がよいと思います。扱いやすく比較的安価なプラスチック製品がお勧めです。

　本書114ページの篠笛を用いた創作につなげることができます。

2 読譜力向上のポイント

❶数字譜の活用

　器楽の教科書は，篠笛の呂音を漢数字，甲音を算用数字で表す方法を用いています。このワークシートもその方法で読譜できるようにしてあります。数字と運指が一致しているので，取り組みやすいと思います。

❷読譜と技能の向上の実感

　スモールステップのチェックリストを用いて，読譜と演奏技能の向上について生徒が自らを振り返ることができるようにするとよいでしょう。

〈チェックリストの例〉

No.	項目	日付	メモ
奏法を身に付けましょう			
1	構えることができた		
2	呂音（六）を出せた		
3	甲音（2）を出せた		
4	息を伸ばして六五と吹けた		
5	指打ちで六六六と吹けた		
6	息を伸ばして234と吹けた		

7	指打ちで２２と吹けた		
曲（使う音）を吹けるようになりましょう			
8	「たこたこあがれ」（五六）		
9	「ほたるこい」（三五六七）		
10	「さくらさくら」の部分（０六２２３）		
11	「こきりこ節」の部分（２３５６７）		

❸篠笛発表会の開催もおすすめ

　発表する場があると，目標をもって練習に取り組めますので，おすすめです。

〈発表会に向けたワークシートの項目例〉

①篠笛発表会で演奏する曲について書きましょう

篠笛発表会で演奏する曲「　　　　　　　　　　　　　　」

※ワークシートの曲でも，教科書に掲載されている篠笛の曲でもＯＫです。

曲の魅力

どのように吹いて曲の魅力をみんなに伝えたいか（音色，旋律，速さ，指打ちなど）

---

②篠笛発表会を終えて，自分の演奏の感想と，クラスメイトの演奏でよかった点などを書きましょう

自　分：

クラス：

※参考資料：大熊信彦・酒井美恵子著『中学校音楽新３観点の学習評価完全ガイドブック』2021. 明治図書

篠笛（しのぶえ）で日本らしい音楽を吹きましょう

年　　　組

___

1 篠笛に親しみましょう。

　器楽の教科書の篠笛のページや，文化デジタルライブラリーの「楽器図鑑篠笛」のページを読んで，篠笛の音色や響き，奏法などについてわかったことを書きましょう。

楽器図鑑篠笛

```



```

2 篠笛を吹いてみましょう。

　かつて，おとうふ屋さんがラッパを吹きながら地域におとうふを売っていました。その旋律を篠笛で吹いてみましょう。「おとうふ屋さん　ラッパ」などで検索すると，動画でおとうふ売りのラッパを聴くことができます。

おとうふ屋さん
※地域の方に「おとうふはいかがですか」という気持ちでのびのびと吹きましょう
五―――六――― 　五―――六――― 　五―六 と　　　ふ　　　　と　　　ふ　　　とうふ

3 口唱歌（くちしょうが）を体験しましょう。

　学校では，皆で学ぶために数字譜を用いますが，本来，日本の伝統音楽で用いられる楽器は，習得する際に，音の動きや速さなどの味わいを伝えるために口唱歌を用います。「たこたこあがれ」の一部を，口唱歌を体験してから吹いてみましょう。

口唱歌	ヒ	ヤ	ヒ	ヤ	ヒャ	ラ	ラ	
数字譜	六	五	六	五／六	六・	六・	一	
歌　詞	た	こ	た	こ	あ	が	れ	一

4 いろいろな歌を篠笛で吹いてみましょう。　※吹けたら曲名を丸で囲みましょう。

　─：伸ばす，・：お休み，六̇：指打ち，六五：ふたつで１拍

「たこたこあがれ」

六　五　六　五／六　六̇　六　─／六　六̇　五　五／六　六̇　六　─
た　こ　た　こ　あ　が　れ　─　て　ん　ま　で　あ　が　れ　─

※息を安定させて，たこ揚げをイメージして，のびやかに六と五の音を吹きましょう。

「ほたるこい」

六　・　六　・／六　五五　六　・／六　六六　六七七／六　六五三　・
ほ　　　ほ　　　ほ　た　る　こい　　あっちの　みずは　に　がいぞ

六　六六六七七／六　六五三　・／六　・　六　・／六　五五　六　・
こ　ちのみずは　あ　まいぞ　　ほ　　　ほ　　　ほ　た　る　こい

※三が初めて出てきます。お休みと指打ちに気を付けて，ほたるに呼びかける感じで吹きましょう。

　　前半が吹けると，後半も吹けます。同じ旋律が順番を変えて出てくるからです。

「さくらさくら」（「さくらーさくらーはなざかり」の部分）

２　２̇　３　─／２　２̇　３　─／六　０　３２０　／六　─　─　・
さ　く　ら　─　さ　く　ら　─　は　な　ざぁか　　り　─　─　・

※息の出し方に気を付けて呂音と甲音を吹き分けましょう。０は少しでも押さえる指孔に隙間がある
　　とうまく出ないので，気を付けましょう。満開の桜を楽しんでいる気持ちで吹きましょう。

「こきりこ節」（「こきりこのたけはしちすんごぶじゃ」の部分）

３　３̇２３　５６／５　６　７　７̇／７　６５３　５６／５　３２３　─
こ　きりこ　の─　─　た　け　は　し　ちー　す　んー　ご　ぶー　じゃー

※甲音だけで，華やかに吹きます。旋律のリズム，７を安定して出すこと，６から７への運指など難
　　しいところがいくつもあります。指だけの練習を取り入れるなど，工夫して練習し，「こきりこ節」
　　のよさを表現しましょう。

40 「たん」と「うん」のリズムで 友達と楽しみましょう

活動 音楽づくり　**学年** 小学校第1学年

1 本題材の特徴

　74ページの「「たん」と「うん」のリズムを打って楽しみましょう」の学習を行ってから，自分でリズムをつくり，リズム打ちをして楽しむ題材です。●は打つ，○はお休みするという約束を思い出す復習から始めます。そして，つくったリズムを友達に打ってもらったり，友達がつくったリズムを打ったりして，●と○で示したリズムを伝え合う喜びを得ます。

2 読譜力・記譜力向上のポイント

　あらかじめ，4拍の「まねっこリズム」を体験したり，74ページの手拍子で「たん」と「うん」のリズムを●と○で表す経験をしたりしておきます。

❶折々リズム打ちを授業に取り入れる

　数か月前に行った学習活動ですと忘れてしまう児童もいますので，時折，「まねっこリズム」をしたり，●と○を掲示して，見ながら手を打ったりすると，拍の流れにのってリズムを打つ力や●と○を見てリズムを打つ力の定着を図ることができます。

❷復習で，児童の読譜の力を把握する

　ワークシートの **1** は，74ページの●と○を用いた復習です。児童一人一人が，●と○を見てリズムを打っているかを確認しましょう。もし他の児童が打つのを真似ているだけなら，●と○の見方などを個別に教えましょう。

❸つくったリズムを友達と交換して打つ

　ワークシートの **2** と **3** の活動では，児童がつくったリズムを友達が打つ様子を見られるようにします。自分の塗った●のところで友達がリズムを打つ様子は，大きな喜びを得ることができて，楽譜を書く楽しさにつながります。また，自分も，友達のつくったリズムの●と○を見て打つことで読譜力も向上します。

3 振り返りの工夫

　児童が文言を丸で囲めばよいようにしました。全員が「とてもじょうずにできた」に丸をするように授業を進めてください。

たん と うん のリズムでおともだちとたのしみましょう

<u>ねん　くみ</u>

1 （ふくしゅう）つぎのリズムを手でうちましょう（●（たん）をうち，○（うん）をやすみます）。

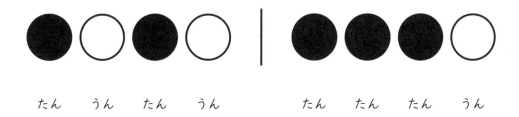

たん　　うん　　たん　　うん　　　　　たん　　たん　　たん　　うん

2 うつところをぬって，たのしいリズムをつくりましょう。

3 ❶つくったリズムをおともだちにうってもらいましょう。
　　❷おともだちのつくったリズムをうってみましょう。

4 今日の音楽のべんきょうをふりかえり，まるでかこみましょう。
〈リズムをつくること〉

　　　　とてもじょうずにできた　　　　　じょうずにできた

〈おともだちのリズムをうつこと〉

　　　　とてもじょうずにできた　　　　　じょうずにできた

41 かえるの鳴き声の音楽をつくりましょう

活動 音楽づくり　**学年** 小学校第2学年

1 本題材の特徴

　「かえるの合唱」を歌うことや，鍵盤ハーモニカで演奏することを楽しんでから行いたい題材です。5小節目と6小節目の♩ ♪ ♩ ♪｜♩ ♪ ♩ ♪の♩のところで，「鍵盤ハーモニカの隣り合った2つの音を同時に鳴らして，かえるの声の音楽をつくる」という音楽づくりの学習です。かえるの種類は多く，鳴き声も鹿のようなカジカガエル，牛のようなウシガエルなど様々です。ここでは，日本に広く分布しているニホンアマガエルのイメージで，隣り合った2つの音としました。グループで相談してつくります。学級内発表会は，みんなで「かえるの合唱」を歌い，5，6小節目はつくった音楽をグループごとに発表します。

2 読譜力・記譜力向上のポイント

❶階名の模唱をし，リズム譜を復習として読む

　既習曲である「かえるの合唱」の楽譜を見ながら先生の階名唱を模唱することによって，無理なく読譜力を向上させます。そして，すでに体験しているリズムを●♪の記号で読むことで，音符につながる記号と四分休符に親しめます。

❷隣り合った2つの音を図形楽譜にする

　鍵盤図の上に演奏順の番号が書かれたカードを置いて図形楽譜にします。

3 授業成功のポイント

❶ワークシートの順番で授業を進める

　授業の流れに沿ってワークシートを作成しましたので，活用してください。

❷ワークシート 2 と 3 を丁寧に進める

　音楽づくりのヒントや進め方を学ぶ重要な学習場面です。2 では，音楽づくりのグループごとに好きな音で発表するようにすると，いろいろな音が重なって，カエルが鳴いている感じになります。3 では，ルールを丁寧に説明するとともに，鍵盤上の番号の順に2つの音を吹くことを伝えましょう。鍵盤図とその上に貼るカードを用意して，他のパターンでも体験できるようにすると音楽づくりが行いやすくなります。

「かえるのがっしょう」にあう
かえるのなき声の音楽をつくってみんなで楽しみましょう

年　　　組

1 （ふくしゅう）「かえるのがっしょう」を歌とけんばんハーモニカで楽しみましょう。

かえるのがっしょう

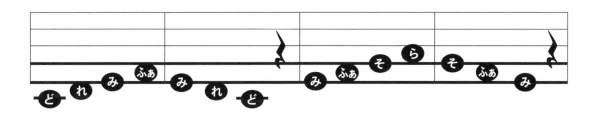

5しょうせつめ　　　6しょうせつめ

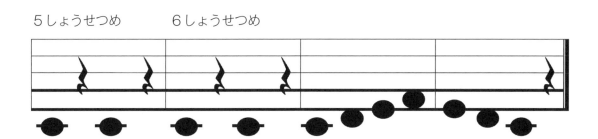

2 （ふくしゅう）次のリズムをいろいろな音で，けんばんハーモニカでふきましょう。

たん　うん　たん　うん　　たん　うん　たん　うん

3 けんばんハーモニカで，５しょうせつめと６しょうせつめに「かえるのなき声の音楽」をつくりましょう。

ルール

①リズムは **2** でふくしゅうしたリズムをつかいます。

②白いけんばんの，となりあった２つの音をかさねて「かえるのなき声」をあらわします。

③高さをかえてもオッケーです。

④つくるまえに，みんなでれんしゅうしましょう。ばんごうじゅんにひきましょう。

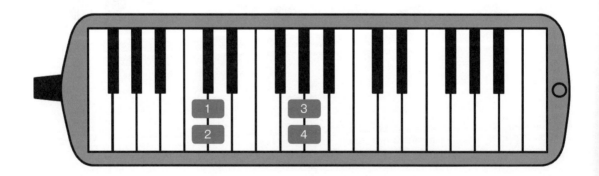

4 グループでそうだんして「かえるのなき声」をつくりましょう。

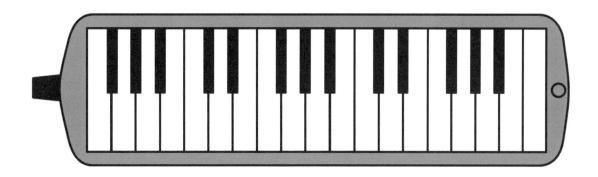

5 いっしょうけんめい，がんばったことを書きましょう。

42 ミソラで「しりとりの旋律」をつくりましょう

活動 音楽づくり **学年** 小学校中学年以上

1 本題材の特徴

　ミソラの３つの音で旋律をつくります。その際に，しりとりのように旋律の終わりの音から次の旋律を始めるという方法でつくります。ソプラノ・リコーダーをある程度吹けるようになってからが取り組みやすいと思います。

2 読譜力・記譜力向上のポイント

❶はじめに「しりとりの旋律」のリレー奏を楽しむ

　ワークシートに取り組む前に，ミソラの３つの音を使って「しりとりの旋律」のリレーをしましょう。例えばA児「ミソラ♪」→B児「ラソラ♪」→C児「ララソ♪」→D児「ソララ♪」などのようにつなぎます。リコーダーの場合は，次に吹く児童が音を聴きながら吹いている児童の指使いを見ることができるので，無理なく取り組むことができます。そのため，鍵盤ハーモニカよりもリコーダーをおすすめします。ミソラを使ったリレーを楽しんでからワークシートに取り組むことで，３つの音と楽譜上の音符が一致しやすくなります。

❷ワークシート1で「しりとりの旋律」を読譜する

　どのように「しりとりの旋律」が楽譜に表されているかについて説明し，ドレミで歌ってからリコーダーで吹くとよいでしょう。

呼びかけ　　　　こたえ　　　　いっしょ

❸ワークシート2に「しりとりの旋律」を記譜する

　２人以上で一緒につくり，「呼びかけ」「こたえ」「いっしょ」の順に吹いて楽しみます。各自がワークシートにつくった旋律を書き込むことで，一人一人の記譜力を高めます。

ミソラで「しりとりのせんりつ」をつくりましょう

年　　組

1 （練習）2つのグループに分かれて，「しりとりのせんりつ」をリコーダーでふいてみましょう。

　「よびかけ」グループと「こたえ」グループに分かれてふき，3小節目と4小節目はいっしょにふきましょう。

2 「よびかけ」，「こたえ」，「いっしょ」の小節をしりとりのようにつくりましょう。

〈ルール〉
①ミソラの音を使う。
②リズムは **1** と同じリズムにする。
③最後の小節はラで終わる。
④2，3小節目は，しりとりのように前の小節の終わりの音で始める。

101

43 箏で「さくらさくら」の前奏をつくりましょう

活動 音楽づくり　　**学年** 小学校第4学年

1 本題材の特徴

80ページの器楽「箏に親しみましょう」で箏の縦譜を知り，「さくらさくら」の旋律を演奏した後に行う音楽づくりの題材です。8拍の前奏をつくります。

2 読譜力・記譜力向上のポイント

縦譜を読んで，箏で「さくらさくら」を演奏した経験を生かして，縦譜の記譜をします。箏で音を確かめながら記譜することが大切です。

3 音楽づくり成功のポイント

❶ルールの中でつくる

拍のない自由リズムの前奏を図形楽譜などで表すことも素敵ですが，読譜力・記譜力を高めるという点では，糸の名称を縦に記入していく拍のある音楽がよいでしょう。

〈ルールの例〉

- ・8拍でつくる
- ・なるべく隣り合った音に進む
- ・「さくらさくら」の中の旋律を一部使うとまとまりのある前奏になる　　など

❷つくった前奏の楽譜を見て，他の児童が演奏する

自分がつくった音楽を楽譜に書くことによって，他の人がそれを見て，音楽を共有する喜びを得ることができます。大画面に楽譜を映してみんなで演奏するなどの学習を取り入れましょう。

おことで「さくらさくら」の前奏をつくりましょう

年　　組

1 「さくらさくら」に前奏を付けて楽しみましょう

五
六
八七六
五六八七八
◉

五六
五六
七八七八
九十斗為巾
◉

とくちょう

　「さくらさくら」の最後の「はなざか（り）」の部分をリズムを変えて，くり返した前奏

とくちょう

　風に花びらがひらひらする感じを「五六五六七八七八」で，風でまい上がっていく感じを「九十斗為巾」で表した前奏

2 「さくらさくら」のすてきな前奏をつくってえんそうしましょう

―
―
―
―
―
―
―
―

くふうしたところ

3 ねばり強くがんばったことを書きましょう

103

かっこいいリズムをつくって楽しみましょう

活動 音楽づくり　**学年** 小学校高学年

音楽づくり・小学校

1 本題材の特徴

　繰り返される特徴的なリズムに着目して，ロック・バンド Queen の「We Will Rock You」を聴きます。この曲のリズムで使われている♩と♪を使い，足と手で表現する4拍のかっこいいリズムをグループでつくります。そして，発表し合ったり，クラスでつないだりして楽しみます。4拍ではありますが，実際にリズムをつくり足と手を区別して記譜をするのは，少し高度なことなので，ゆとりをもった時間設定をしてください。

2 読譜力・記譜力向上のポイント

❶「We Will Rock You」のリズム譜を見て足と手で演奏する

　映像を視聴したり，演奏を聴いたりするだけでも演奏できますが，ワークシート**2**で音符を見ながら演奏する活動を取り入れてください。読譜と演奏の経験が，記譜をする学習にもつながります。

❷教師がつくった4拍のリズムを見て，演奏体験をする

　リズムをつくる学習の前に，教師がつくった例をいくつか示し，みんなで足と手で演奏する体験をしておくことで，読譜力が向上し，つくるヒントを得ることができます。

❸グループで♩と♪を使い，足と手で表現する4拍のリズムをつくり記譜する

　ゆとりをもった時間設定をして，つくったリズムを記譜する活動を行うことで記譜力を高めるとともに，自分たちが考えたリズムを適切に記譜することで，音楽を共有できる喜びなどを全員が感じ取れるようにしましょう

3 リズムの作品例

　多様な組み合わせが考えられます。4つ例示しますが，いろいろ試して楽しんでください。

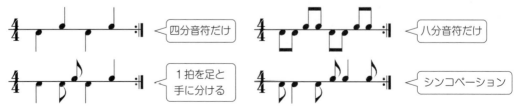

かっこいいリズムをつくって楽しみましょう

年　　　組

1 Queen（クイーン）の「We Will Rock You（ウィ・ウィル・ロック・ユー）」は，スポーツ選手の入場やCMなどにも使われているので，きいたことがあるかもしれません。
リズムに注意してきき，気付いたことや感じたことを書きましょう。

2 「We Will Rock You」のリズムは，次のくり返しです。

楽器で演奏する場合もありますが，
足と手で体験してみましょう。

3 グループで，♩と♪と（♪を2つつづける時は♫）をつかって足と手のかっこいい4拍のリズムをつくりましょう。
足と手は音符の棒の向きで表しましょう。足は棒が下向き，手は上向きです。

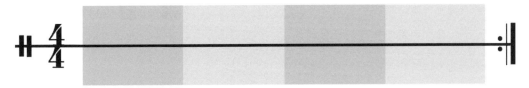

4 グループごとに発表したり，順番につなげてクラスの作品にしたりして楽しみましょう。

45 「きらきら星」の "パートナーソング" をつくりましょう

活動　音楽づくり　　学年　小学校高学年

1 本題材の特徴

　78ページの器楽「"パートナーソング" をソプラノ・リコーダーで重ねて楽しみましょう」に取り組んでから，「きらきら星」と同時に演奏する旋律をつくる題材です。I，IV，V_7 の和音の中の音を選んで，学級で和音の響きを楽しんだり，和音の中の音を使って4小節の短い旋律をつくったりする経験をしてから，「きらきら星」の "パートナーソング" をつくります。「きらきら星」で使われている音となるべく異なる音が重なるときれいであることを感じ取らせましょう。

　児童一人一人がコンピュータ端末を用いて，「きらきら星」の音源をいつでも聴くことができるようにして音楽づくりを進めると効果的です。

2 読譜力・記譜力向上のポイント

❶和音の中の音符を選んで演奏する

　ワークシート**1**の学習活動です。選んだ音をマーカーペンなどでマークしたり，自分の演奏する音を線でつないだりしてもよいことにすると，読譜に苦手意識のある児童も音符に親しみ読譜力に向上につながります。和音の中の音を自由に選んで奏でる学習活動を行うことで，その後の旋律づくりに取り組みやすくなります。

❷五線譜におけるルールに気を付けて四分音符を書く

　ワークシート**2**の学習活動です。ワークシートに留意点を載せておきました。記譜に慣れていない場合は，ゆとりのある時間配分をしてください。

❸音を確かめながら旋律をつくる

　和音の中の音を自由に選びますが，その際にワークシートの**1**から**3**の学習活動を通して，実際に音を出しながら響かせたい音を選ぶことができるようにすることが大切です。

3 作品例

　ソプラノ・リコーダーでつくることを想定していますが，児童がコンピュータ端末に慣れていたら，下の段に「きらきら星」，上の段に児童が記入できるようにすると，重なり合う音の響きを繰り返し聴いて確かめることができます。

　なお，下の作品例は，1〜4小節目を9〜12小節目で反復し，5，6小節目を7，8小節目で反復することでまとまりを意識した旋律にしています。

「きらきら星」の "パートナーソング" をつくりましょう

年　　組

1（ステップ1）和音のひびきを楽しみましょう。

　和音の中の音を一つ選んで，4拍ずつふきましょう。クラスでえんそうすると和音のひびきの変化を楽しめます。

2（ステップ2）和音の中の音で，旋律（せんりつ）をつくってみましょう。

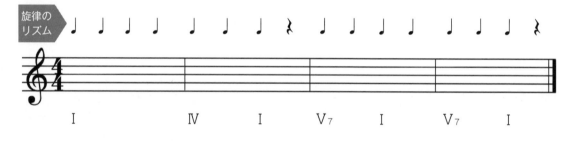

見やすく音符を書きましょう

　四分音符を書く時は，たまと棒（ぼ）の位置に気を付けると，きれいで読みやすくなります。

第3線から上の音符は，たまの左から棒を下に書きます。

3 （ステップ３）「きらきら星」の "パートナーソング" をつくりましょう。
リズムは **2** のリズムを使いましょう。

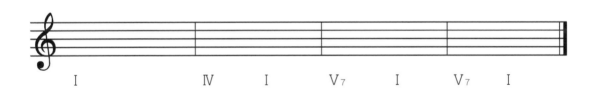

4 「きらきら星」の "パートナーソング" をつくる学習で，工夫したことや
ねばり強くがんばったことを書きましょう。

46 コードを生かして リコーダー練習曲をつくりましょう

活動	創作	学年	中学校

1 本題材の特徴

コードの構成音を理解して，リコーダーの練習曲をつくる題材です。事前に86ページでギターのコード伴奏の経験をしておくと，リコーダーとギターでつくった旋律を奏でることができます。ギターの学習をしない場合は，コンピュータ端末で音楽制作アプリを活用して，コード伴奏やコードの録音などで対応してください。

また，リコーダーの練習曲なので，事前に「安定した音で長く伸ばす」「正しい運指でスムーズに押さえる」「高音を美しく吹く」「低音を美しく吹く」「いろいろなアーティキュレーション（音の切り方，つなぎ方）で吹く」などについてアンケート形式で自身の技能の状況を振り返る機会をもつと，どのような技能に役立つ練習曲をつくるかについて考えやすくなります。

2 読譜力・記譜力向上のポイント

❶よく知られている曲を読譜しながらリコーダーとギターで演奏する

「Happy Birthday to You」の楽譜を見て，リコーダーとギターで演奏することで，読譜力向上を図ります。

❷スモールステップで旋律をつくることで記譜しやすくする

旋律をつくる際に，使用する音符を限定することで，記譜しやすくしました。4小節ずつつくってから，組み合わせて8小節にします。8小節目はドで終わるようにします。

3 作品例

どのような技能に有効な練習曲か
安定した長い音，難しい運指とタンギング，サミングに有効です。 **そのための工夫** 前半は全音符による長い音を美しく出す練習で，後半は八分音符中心でタンギングと難しい運指，サミングの練習です。できると達成感があります。

コードを生かしてリコーダー練習曲をつくりましょう

年　　　組

1 （準備）「Happy Birthday to You」をリコーダーとギターで演奏しましょう。

①リコーダーで吹く音を確認しましょう。

②ギターで弾くコードを確認しましょう。

〈C（シーメイジャー）構成音：ド，ミ，ソ〉

〈G7（ジーセブンス）構成音：ソ，シ，レ，ファ〉

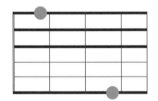 

〈F（エフメイジャー）構成音：ファ，ラ，ド〉

第①弦と第②弦を1の指で押さえます

〈C on G（シーメイジャー・オン・ジー）〉

③リコーダーとギターで演奏しましょう。

- 「お誕生日おめでとう」という明るい気持ちで３拍子にのって演奏しましょう。
- ６小節目の２拍目にフェルマータが付いています。どのくらいの長さにするか，リコーダーとギターが合うよう，相談し息を合わせて演奏しましょう。
- リコーダーは低い音が多いので柔らかい息で吹きましょう。
- ギターは７小節目と８小節目にポジションチェンジが多いので，ゆっくりと練習しましょう。

2 C，F，G７のコードで８小節の旋律をつくりましょう。

ルール

- リコーダーの練習曲をつくる。
- つくりやすい４分の４拍子でつくる。
- １小節目はドミソのどれかで始めて，８小節目はドで終わる。
- 各小節はコードの中の音から始める。ただし，「Happy Birthday to You」の１小節目，３小節目，６小節目のように，コードの中の音の「１つ上の音」から開始して，コードの中の音に進行していくことは OK。

練習①全音符（○）だけで４小節の旋律をつくりましょう。（美しく音をキープする練習曲）

練習②二分音符（♩ ♩）だけで4小節の旋律をつくりましょう。（タンギングや運指の練習曲）

練習③四分音符（♩♩♩♩）だけで4小節の旋律をつくりましょう。4小節目だけは，おさまる感じにするために，♩♩♩♪としましょう。（タンギングや運指が少し難しい練習曲）

練習④八分音符（♪）を含めて4小節の旋律をつくりましょう。4小節目だけはおさまる感じにするために，4拍目は♪にしましょう。（タンギングや運指がかなり難しい練習曲）
リズムの例：♫♫♫♫ ｜ ♫♩ ♫♩ ｜ ♪♩ ♪♪♩ ♪

清　書　8小節の「リコーダー練習曲」を完成させましょう。

どのような技能に有効な練習曲か
そのための工夫

47 篠笛で「売り声の音楽」をつくりましょう

| 活動 | 創作 | 学年 | 中学校 |

創作・中学校

1 本題材の特徴

　90ページの器楽の学習で，篠笛の数字譜を読んで演奏する経験しました。そこで体験した「おとうふ屋さんのラッパ」を発展させる題材です。まず，いろいろな売り声を調べて聴き，それらを参考にして，売る物をイメージして，声の音色，リズム，速度，旋律，強弱などを工夫して「売り声の音楽」をつくります。篠笛で音を確かめながらつくり，篠笛の数字譜で記譜をします。

2 読譜力・記譜力向上のポイント

❶器楽（篠笛）の学びを活用

　器楽の学習で，篠笛の数字譜を読んで演奏する経験を積んでから，本題材に取り組みます。

❷使用する音の限定

　基本的に使用する音を五六七とすることで，旋律をつくりやすくしています。つくりたい売り声によっては，五六七に加えて他の音を使いたい場合も出てきますが，まずは五六七で考えましょう。

❸発表会の開催

　発表会では，記譜した「売り声の音楽」を大画面に映し，つくった生徒が売り声の旋律を篠笛で発表し，他の生徒が大画面を見て歌うという学習活動を取り入れてみてください。自分が書き留めた数字譜と歌詞を見て，クラスのみんなが歌うことから大きな喜びを得られるとともに，つくった音楽を書き留めることで，他の人がその音楽を再現できるよさを実感できます。

3 記入例

　生徒のワークシートの「**2** オリジナルの「売り声の音楽」をつくりましょう」の記入例です。

❶売る物やサービスと，どのようなイメージの音楽にするかを決めましょう。

〈記入例〉

売る物やサービス	犬の散歩サービス
つくるイメージと「歌詞」	大切な犬をお預かりするので，信頼されるようなイメージでつくる。「いぬのさんぽ　いたしますー」
工夫	「いぬの」「さんぽ」はわかりやすくゆっくり，「いたします」は伝わりやすいように高い音にする。

❷篠笛の五，六，七を基本につくりましょう。

〈記入例〉

物やサービス「犬の散歩」

篠笛の楽譜と歌詞
　五─六─六─／六─六─六─／六七七七七─／─────
　い　ぬ　の　　さ　ん　ぽ　　い たします─ ─ ─ ─

どのように歌ってほしいか
　どのようなサービスであるか伝わる様に，ゆっくりはっきり「いぬの」「さんぽ」と歌い，「いたしますー」は，リズムは速いけれど，家の中にいる人にも届くように，大きく歌ってほしい。

篠笛で「売り声の音楽」をつくりましょう

年　　組

1　生活の中の「売り声の音楽」を聴いてみましょう。

　器楽の学習で、「とうふ屋さん」を篠笛で吹きました。かつての生活では、いろいろな物やサービスを売る人々が、売り声とともにやってきました。生演奏の CM の音楽と言えそうです。どのような売り声があったかを地域の高齢者の方にうかがったり、インターネットで検索したりして、調べて聴いてみましょう。

　台東区公式チャンネルの動画「台東芸能文庫　江戸売り声　宮田章司」はおすすめです。売る物をイメージして、声の音色、リズム、速度、旋律、強弱などを工夫して売り声を発していることが江戸の風物とともに理解できます。

江戸売り声

調べた売り声　（　　　　　　　　　　　　　　　　　　　　　　　）
特徴や感想

2　オリジナルの「売り声の音楽」をつくりましょう。

　オリジナルの「売り声の音楽」をつくり篠笛で演奏して、みんなに歌ってもらいましょう。

❶売る物やサービスと、どのようなイメージの音楽にするかを決めましょう。

売る物やサービス	
つくるイメージと「歌詞」	
工夫	

116

❷篠笛の五，六，七を基本につくりましょう。

物やサービス「

」

篠笛の楽譜と歌詞

どのように歌ってほしいか

3 クラス内発表会をしましょう。

〈進め方〉

❶大画面に作品を映します。

❷つくった人が物やサービスを言葉で伝え，売り声を篠笛で吹きます。

❸次にクラスのみんなにどのように歌ってほしいかを言葉で伝えます。

❹つくった人の篠笛と，クラスのみんなの歌声で，売り声を表現します。

発表会の感想

自分の作品や発表について

クラスの他の人の作品や発表について

4 振り返りましょう。

「売り声の音楽」を篠笛でつくってみんなで表現した学習を振り返り，粘り強く頑張ったことや自ら工夫して学んだことなどを書きましょう。

48 コンピュータで反復・変化・対照を用いて旋律をつくりましょう

活動 創作　　学年 中学校

1 本題材の特徴

　1人1台のコンピュータ端末を活用して，表したいイメージと関わらせて楽器の音色を選び，反復・変化・対照を生かして2部形式の音楽をつくります。無料アプリのMuseScore 3を想定した題材ですが，各学校で用いている音楽創作アプリに応じて展開してください。

　なお，MuseScore 3で音色を選んで入力場合，調号なしで入力すると取り組みやすいのですが，例えばトランペットの音色を選んで調号なしの楽譜に入力すると，トランペットはB♭管なので，変ロ長調で鳴りますのでご留意ください。

2 読譜力・記譜力向上のポイント

❶平易な曲を階名唱し，構成（反復・変化・対照），形式を考える

　小学生の時に歌ったことの多い「かえるの合唱」と「春の小川」の楽譜を見ながら階名唱し，小節やフレーズごとに構成の特徴などを考えることで，読譜力が向上します。

❷コンピュータ端末で音楽創作アプリを用いた記譜の体験

①音楽創作アプリは五線譜に音符を配置すると，高さと長さが音で確認できます。生徒がイメージした音楽をつくりやすい記譜の方法です。

②短い旋律をつくってから，コピー&貼り付けの機能で，その短い旋律を反復させたり，高さを変化させたりできますので，生徒が試行錯誤をしながら，まとまりのある音楽をつくることができます。

3 ワークシートの正答と記入例

　120ページのワークシート**1**はクイズ形式になっていますので，正答と記入例を紹介します。また，**3**の作品例と記入例も参考にご覧ください。

〈正答〉

1❶①3，4　②6　③7　④反復

　❷①（記入例）よく似ているけれど，8小節目は終わるような感じがする。1，2，3小節目を5，6，7小節目が反復している。4小節目と8小節目が変化している。②4

③（記入例）リズムは他の段と同じ。他の段と旋律の動きが違う。使う音が高め。躍動的な印象がある。

3 作品例と記入例

〈作品例〉

うちの子犬は大型犬

〈記入例〉

題　名：うちの子犬は大型犬	
使う音（その理由）：チェロ（子犬だけれど，大きくてのんびりしているので合うと思った。チェロを選んだらヘ音記号だったので，難しいと思ったけれど，合う音だったので頑張った。）	
作品の解説：犬のゆったりした様子とかけまわる様子を表した。	
a	「春」の鑑賞をした時に，第2楽章で犬の声を「タッター」というリズムで表していて，うちの犬にそっくり。1，2小節は鳴き声で，3，4小節はのんびり動くところ。
a'	5〜7小節目は1〜3小節目を反復し，8小節目は「ド」で終わる様にした。
b	他の段との対照の段。いきなりフィーバーして走り回ることがある様子を八分音符2拍の動機を使った。高さを変化させることで，子犬の気持ちが高まる様子を表した。
a'	5〜8小節を反復したので，まとまりのある音楽になったと思う。

※参考資料：大熊信彦・酒井美恵子著『中学校音楽新3観点の学習評価完全ガイドブック』2021.明治図書

コンピュータで反復・変化・対照を用いて
旋律をつくりましょう

年　　　組

1 反復，変化，対照の視点で曲の構成などを考えましょう。

❶ 「かえるの合唱」を階名唱し，構成について考えましょう―反復と変化―

① 1，2小節目の「音の高さが変化」をしているのは，（　　　　　）小節目です。

② 5小節目を「反復」しているのは，（　　　）小節目です。

③ 1小節目の「リズムだけが変化」をしているのは，（　　　）小節目です。

④ 8小節目は，2小節目の〔　反復　　変化　〕です。（どちらかに〇）

❷ 「春の小川」を階名唱し，構成や形式について考えましょう―反復・変化・対照と形式―

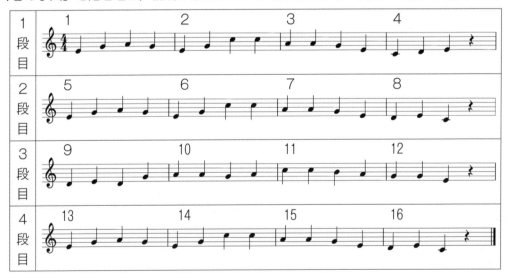

①1段目（1～4小節）と2段目（5～8小節）を比べてみましょう。どのような感じがします
　か。反復と変化という言葉を使って特徴を書きましょう。

```
┌──────────────────────────────────────────────────────────────────────────┐
│                                                                            │
│                                                                            │
└──────────────────────────────────────────────────────────────────────────┘
```

②2段目を反復している段は，（　　　）段目です。

③3段目の特徴を見てみましょう。1段目（1～4小節）をα，2段目（5～8小節）と4段
　目（13～16小節）をα'とすると，3段目（9～12小節）は，他の段と「対照」なのでbと
　します。3段目の特徴を見つけてみましょう。

```
┌──────────────────────────────────────────────────────────────────────────┐
│                                                                            │
│                                                                            │
└──────────────────────────────────────────────────────────────────────────┘
```

④「春の小川」は，8小節ごとに前半A（αα'），後半B（bα'）と分析できます。このよ
　うに前半後半で成り立っている形式を**2部形式**といいます。

2　　2部形式の音楽を，MuseScore 3を使ってつくりましょう。

〈ルール〉

❶音素材をMuseScore 3の楽器から選び，理由を書きましょう。

❷ドミソのどれかで始めてドで終わりましょう。

❸反復・変化・対照を意識して2部形式の音楽をつくりましょう。

❹作品の解説には，表したいイメージとつくった音楽の特徴を紹介しましょう。

3　つくった作品の解説をしましょう。

題名：

使う音（その理由）：

作品の解説：

49 「トランペット吹きの休日」(ルロイ・アンダソン作曲)
重なる音の面白さを味わいましょう

活動 鑑賞 　　**学年** 小学校中学年以上

1 本題材の特徴

　ルロイ・アンダソン作曲「トランペット吹きの休日」は，原題が「Bugler's Holiday」です。軍隊で決まった時間に決まった合図のラッパ（Bugle，ビューグル）を吹く仕事をしている人が，休日は自由に好きな演奏をしたいという気持ちを表した音楽と言われています。本題材は，音楽の一部をリコーダーで体験して，作品の特徴に気付き，面白さを味わう構成となっています。

2 読譜力向上のポイント

❶トランペットパートの一部をリコーダーで体験する

　「トランペット吹きの休日」は，2分半くらいの陽気で速い作品です。3本のトランペットが同じリズムで異なる音を奏でてハーモニーをつくっていたり，順番に音が鳴って，躍動的な印象の重なりが生まれたりして，トランペットの名手が休日を楽しんでいる印象があります。ワークシート**2**と**3**では，197小節のうちの25〜32小節間の一部をリコーダーで演奏してみることで，読譜力の向上を図るとともに，楽器の重なりなどを聴き取る力を高めます。

　パートを3つに分けて，一部を体験するよう例示しています。リコーダーが得意な児童たちは，四角で囲まれていない♪♪♪♪♪♪と♪♪♪♪♪♪（この楽譜は1パートです）にもチャレンジして，ゆっくりした速度でよいので，学級全員で合奏を楽しんでください。

❷楽譜上のB♭管の知識を得る

　リコーダーでワークシート**2**と**3**の演奏を体験してから原曲を聴くと，音の高さが違うことに気付く児童がいるかもしれません。書かれている楽譜と実際に鳴る音が異なる移調楽器の記譜の特徴にも触れる機会となります。

「トランペット吹きの休日」

～重なる音の面白さを味わいましょう～

<u>　　　　　　　年　　　組　　　　　　　　　　　　　　　　　　　</u>

> 「トランペット吹きの休日」のトランペット吹きとは，軍隊ラッパを吹く仕事をしている人です。仕事では決まった時間に決まった音楽をかなでるため，休日は吹きたいように自由にえんそうするという様子を表しているといわれています。

1 「トランペット吹きの休日」をきいて，音楽のとくちょうとトランペット吹きの気持ちなどについて，気付いたことや感じたことを書きましょう。

2 「トランペット吹きの休日」は３人のトランペット奏者がかつやくしています。３つのグループになって，四角形でかこんだところをリコーダーでふいて，音の重なりをたいけんしてみましょう。

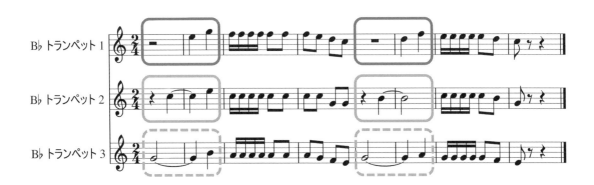

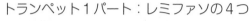

〈使う音〉

トランペット1パート：レミファソの4つ

トランペット2パート：シドミの3つ

トランペット3パート：ソラシの3つ

〈リコーダーが得意な人は〉

かこんでいないところにもちょうせんしてみましょう。

3 ワークシート**2**の部分は，実はクレシェンド，アクセント，スタッカート，スラーなどの記号が付いています。記号をいしきして，リコーダーをふいてみましょう。

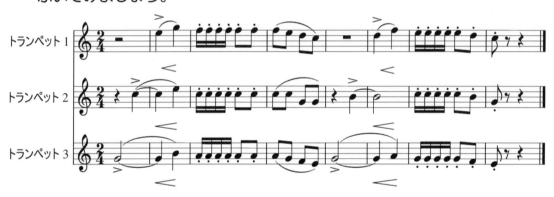

4 リコーダーでえんそう体験をしてから「トランペット吹きの休日」をきいて，気付いたことや感じたことを書きましょう。

5 「トランペット吹きの休日」をこれからきく人に向けて，しょうかい文を書きましょう。

〈トランペットのがくふのとくちょう〉
「トランペット吹きの休日」で使われるトランペットはがくふ上の「ド」を吹くと，「シ♭」がなります。かんしょうした曲とワークシート**2**でふいた時に音の高さがちがうことに気付いた人もいると思います。

50 「そり遊び」（モーツァルト作曲「ドイツ舞曲（K .605）」より）
楽器の音に注目して音楽を楽しみましょう

活動 鑑賞　　**学年** 小学校中学年以上

1 本題材の特徴

　モーツァルトが晩年に作曲したドイツ舞曲（K .605）より第3曲の「そり遊び」を教材とした題材です。この曲はA - B - A - コーダで構成され，Bとコーダには，高さをＣＥＦＧＡにした5つのスレイベル（鈴）とポスト・ホルン（郵便ラッパともいいます）が使われている楽しい作品です。本題材では曲想の変化を，Bの部分のスレイベルとポスト・ホルンの音に着目してとらえます。ワークシート**2**では，コンピュータ端末などで調べ学習をする想定です。ポスト・ホルンがヨーロッパの郵便局のマークや切手に使われていることなどにも興味をもつ児童がいそうです。

2 読譜力向上のポイント

❶スレイベルとポスト・ホルンの楽譜を見てから，それぞれの音に着目して聴く

　ワークシート**1**の学習活動です。オーケストラが演奏している中から❶や❷の音を聴き取ることができるように，あらかじめ❶と❷の楽譜を示して，それぞれの音の動きを教師がピアノや鍵盤アプリなどで再現しておくとよいでしょう。なお，楽譜は2段にしてありますが，スレイベルは5種類，ポスト・ホルンは2種類で演奏しています。

3 ワークシートの記入例（**4**は略）

　あくまで例ですので，児童の気付きや感想を大切にしてください。

1 ❶鈴が重なってなっていてすてきだった。クリスマスみたい。

　　❷ラッパが元気な感じで目立っていた。何かの合図かな？

2
❶スレイベル　❷ポスト・ホルン

3

A	3拍子で楽しく踊っている感じ。繰り返しが多い。
B	鈴が鳴って，クリスマスみたい。ラッパが目立っていた。
A	さっき聴いた音楽。知っている音楽を聴くと友達に会った気がする。
コーダ	速さが変わって，楽しい。最後はそりが止まったのかな？

「そり遊び」

～楽器の音に注目して音楽を楽しみましょう～

年　　　組

1 （楽器クイズ！）Bに出てくる楽器に注目してきいてみましょう。

楽ふは２種類の楽器だけを取り出して書いてあります。

❶の楽ふはどのような音がきこえて，どのように感じましたか。

> ヒント！打楽器
> です

❷の楽ふはどのような音がきこえて，どのように感じましたか。

> ヒント！ラッパ
> のなかまです

2 ❶スレイベル，❷ポスト・ホルンについて調べたことを書きましょう。形をかいてもよいですね。

❶スレイベル
❷ポスト・ホルン

3 「そり遊び」は４つの部分に分かれています。
気付いたことや感じ取ったことを書きましょう。

	気付いたことや感じ取ったこと
A	
B	
A	
コーダ	

4 モーツァルトの「そり遊び」の面白いところや楽しいところを他の人に伝
えるつもりで，しょうかい文を書きましょう。

51 「動物の謝肉祭」より （サン＝サーンス作曲）
「ぞう」「カンガルー」「白鳥」のよさを味わって聴きましょう

活動 鑑賞 　　　 **学年** 小学校高学年

1 本題材の特徴

　サン＝サーンス作曲「動物の謝肉祭」より，第5曲「ぞう」，第6曲「カンガルー」，第13曲「白鳥」を教材とした鑑賞の題材です。それぞれの動物を自分が音楽で表現するとしたら，どのような音楽にするかを考えます。次に，楽譜を図形のように見て，「気付いたこと」「楽譜から想像した音楽」を書いた後に，音楽を聴いて「感じたこと」を書きます。

　その後，グループで3曲から1曲を選んで繰り返し聴き，よさを話し合って，紹介文を書くという流れです。導入で，動物からイメージする音楽を考えることで，楽譜や演奏からサン＝サーンスの動物を表現する巧みさや魅力を感じ取りやすくなります。中学年で「白鳥」を学んだ児童も多いと思いますが，楽譜を見ることで，作品の特徴に一層気付くようになります。

　なお，コンピュータ端末とイヤホンスプリッターを用いると同じ音源を複数の児童が聴取することができます。スピーカーではなくイヤホンにだけ音が流れるようにできるので，他のグループの音が聴こえてくることはありません。

2 読譜力向上のポイント

❶楽譜を図形のように見て，どのような音楽かを考える

　高学年対象なので，それまで学んだ楽譜の知識を生かして，拍子や強弱記号，アーティキュレーションの記号，音の上がり下がり，音の重なり，音符の長さなどから，どのような音楽かを考えることで，聴いた時に，楽譜と音楽が結び付きます。音取りのように音を確かめていくのではなく，図形を見るように取り組んでみましょう。

「動物の謝肉祭」より

～「ぞう」「カンガルー」「白鳥」のよさを味わってききましょう～

年　　　組

1 それぞれの動物を音楽で表現するとしたら，どのような音楽にしますか。
楽器や速さ，音の高さ，せんりつの感じ，強弱などを考えてみましょう。

2 「ぞう」「カンガルー」「白鳥」の「楽譜を図形のように見て気付いたこと」
「楽譜から想像した音楽」「きいて感じたこと」を書きましょう。

❶ 「ぞう」Allegretto pomposo （やや速く，はなやかに）

気付いたこと
楽譜から想像した音楽
きいて感じたこと

❷「カンガルー」Moderato（中くらいの速さで）

ピアノ

1小節目の終わりからだんだん速く
なり，3小節目からだんだんおそく
なります。

気付いたこと
楽譜から想像した音楽
きいて感じたこと

❸「白鳥」Andantino grazioso（ややゆるやかな速さで，ゆうがに）

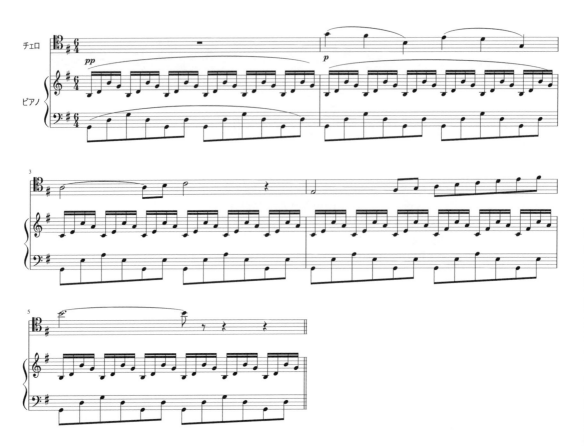

気付いたこと	
楽譜から想像した音楽	
きいて感じたこと	

3 グループで「ぞう」「カンガルー」「白鳥」のうち1曲を選んで，何度もきいて，よさを他の人に伝えるしょうかい文を書きましょう。

選んだ曲「　　　　　　　　　　　　　　　　」

こぼれ話
　「動物の謝肉祭」は，フランスのサン＝サーンスが51さいの時に，謝肉祭の期間に友人の家にたい在し，友人が開催する音楽会のために作曲しました。私的な音楽会のための作品であることや，他の作曲家の作品をもじっている曲もあることなどから，その後のえんそうをこばみ，出版も「白鳥」だけは許可し他はきょひしていたそうです。
　亡くなってから出版もえんそうもされるようになり，現在では，広く親しまれています。

52 「魔王」（シューベルト作曲）
シューベルトの工夫をとらえながら味わいましょう

活動 鑑賞 　　**学年** 中学校第1学年

1 本題材の特徴

　シューベルト作曲「魔王」は，詩の内容とともに曲想が変化し，登場人物の心情や場面の状況をイメージしながら鑑賞することができる歌曲です。本書では，教科書とワークシートを用いて楽譜から音楽の特徴や味わいをとらえていく部分を紹介しています。授業では，登場人物ごとの曲想の変化をとらえたり，映像から歌とピアノの巧みな表現を味わったり，同じ詩で異なる作曲家の作品と比較聴取したりするなど，多様な切り口で音楽のすばらしさを伝えられる名曲です。

2 読譜力向上のポイント

❶前奏のピアノの楽譜を見て，音楽をイメージする

　ワークシート**1**では，音楽は聴かずに前奏の楽譜を見て，速度，強弱，3連符が続くリズム，左手のスラーとスタッカートが付けられた動機などから，どのような音楽が奏でられるかをイメージします。♩=152に着目して，メトロノームに合わせて，3連符を打つ体験を取り入れると速さを実感できます。楽譜から読み取ったイメージを言語化した後，ワークシート**2**では，楽譜を見ながら演奏を聴きます。読み取った楽譜が，馬の疾走する様子や嵐の状況などがイメージできる演奏になることに驚きをもつ生徒もいそうです。

❷子の「お父さん（Vater）」という部分の楽譜に着目する

　ワークシート**3**では，4回出てくる「お父さん（Vater）」の旋律に着目します。子供の心情の変化を音の高さの変化から想像できるようにしましょう。もし生徒の持っているコンピュータ端末に鍵盤アプリが入っていたら，楽譜を見ながら実際に音を出して高くなっていることを確認するとよいと思います。

❸最後のフレーズにある休符の ⌢ に着目する

　ワークシート**4**では，シューベルトがどのような意図で休符に ⌢ を付けたのかを考えたり話し合ったりしましょう。曲想の変化から，「家に到着し，馬が止まった様子を表したかった」「最後の言葉の war tot を強調したかった」など様々な意見が出て，⌢ の効果を実感できると思います。

「魔王」

～シューベルトの工夫をとらえながら味わいましょう～

年　　組
_____

1 前奏の楽譜を見て，どのような音楽が奏でられるかイメージして書きましょう。

```



```

2 実際に前奏を聴いて，どのような感想をもったか書きましょう。

```



```

3 子が「お父さん（Vater）」と呼びかけている音の高さから，シューベルトが何を表したかったかを楽譜を見たり演奏を聴いたりして考えて書きましょう。

```



```

4 最後のフレーズでは「いき⌒たえぬ（das Kind⌒war tot）」のように，休符に⌒（フェルマータ）が付いています。シューベルトは何を表したかったのか考えて書きましょう。

```



```

53 「ボレロ」（モーリス・ラヴェル作曲）
繰り返されるリズムと旋律，
楽器の音色や強弱の変化を味わって聴きましょう

活動 鑑賞　　**学年** 中学校

1 本題材の特徴

　ラヴェル作曲の「ボレロ」を教材とした鑑賞の題材です。ワークシート **1**〜**3**で，曲全体にわたって反復されるリズムや2つの主題の表現を体験してから，「ボレロ」を聴取あるいは視聴して，音楽の特徴を考え，よさや美しさを味わう題材です。ワークシート **4**の取り組み後，生徒が気に入った理由を付箋に書いて，拡大掲示した表に貼りに行ったり，ロイロ・ノートなどを用いて気に入った部分と理由を大画面に映し出したりして，学級で学び合えるようにしましょう。その際，生徒が記入した内容を教師が取り上げて，価値付けることが大切です。

　15分くらいの作品ですので，部分ごとに聴き取る学習を効果的に取り入れて，まとめの段階で通して聴く時，部分ごとに聴き取ったことが生かされるようにします。そのために，生徒が着目した部分をいくつか取り上げて，映像や音源によって，様々な楽器の音色とその重なりが生み出す響きの面白さや豊かさ，強弱の変化などの特徴を確認するとよいでしょう。

2 読譜力向上のポイント

❶3つのリズムを体験する

　ワークシート **1**では，リズムの読譜をして実際に机や手などを打ちます。リズム2と3は簡単そうに見えますが，リズム2は主題と主題の間でよく聴こえるリズムですし，リズム3は，3拍子の1拍目と3拍目を打つリズムで，合わせる時に実は難しいリズムです。どのリズムも重要であることを伝えておくと，ワークシート **5**の活動の時に，好きなリズムや旋律を選びやすくなります。

❷2つの旋律の表現を体験する

　ワークシート **2**と **3**では，教師が2つの主題をピアノ等の楽器でゆっくりと演奏し，生徒は音符のたまをなぞりながら「ラー」などの言葉で口ずさみましょう。また，拡大楽譜や大画面に映した楽譜を指示棒などで示しながら，教師と生徒が一緒に口ずさんでもよいでしょう。鍵盤楽器などが得意な生徒がいたら，楽器で取り組むことも考えられます。ワークシート **5**の好きなリズムや主題を選んで演奏を体験する学習では，机や手によるリズム打ち，口ずさむ旋律，楽器による旋律などのいろいろな音色の組合せを楽しめます。ただし，鑑賞の学習を深めるための体験なので，表現の完成度などを求めすぎないように留意してください。

「ボレロ」

～繰り返されるリズムと旋律, 楽器の音色と強弱の変化を味わって聴きましょう～

年　　　組

1 繰り返されるリズムを打ってみましょう。

 スネアドラムがずっとリズム1を奏でています。このリズムパターンを169回も繰り返すので, プロの演奏家も緊張するそうです。

リズム2は主題と主題の間でとてもよく聴き取れます。

 リズム3は3拍子の1拍目と3拍目を打ちます。拍の流れにのって打ちましょう。

2 繰り返される主題Aを口ずさんでみましょう。

 得意な楽器で演奏してもよいですね。

3 繰り返される主題Bを口ずさんでみましょう。

主題Aより少し難しいかもしれません。
主題Bも得意な楽器で演奏してもよいですね。

4 主題に着目しながら「ボレロ」を聴き，気に入った部分とその理由をメモしましょう。

	1	2	3	4	5	6	7	8	9
主題	A	A	B	B	A	A	B	B	A
メモ									

	10	11	12	13	14	15	16	17	18	
	A	B	B	A	A	B	B	A	B	コーダ

5 **1**～**3**の中で，好きなリズムや主題を一つ選んでみんなで一緒に「ボレロ」の表現を体験しましょう。

6 「ボレロ」のよさや美しさについて紹介文を書きましょう。

【著者紹介】

大熊　信彦（おおくま　のぶひこ）

群馬県立高等学校教諭，県指導主事，国立教育政策研究所教育課程調査官／文部科学省教科調査官，県総合教育センター副所長，県立高等学校校長等を経て現在，東邦音楽大学特任教授。中学校及び高等学校学習指導要領（音楽）の改訂，解説の編集に当たる。『中学校音楽新３観点の学習評価完全ガイドブック』，『中学校音楽科教師のための授業づくりスキル　コンプリートガイド』（何れも共著，明治図書）他著書多数。

酒井　美恵子（さかい　みえこ）

国立音楽大学ピアノ専攻卒業。東京都の音楽科教諭及び指導主事を経て現在，国立音楽大学教授。『学びがグーンと充実する！小学校音楽授業プラン＆ワークシート』低・中・高学年全３巻（編著，明治図書），『中学校音楽新３観点の学習評価完全ガイドブック』，『中学校音楽科教師のための授業づくりスキル　コンプリートガイド』（何れも共著，明治図書）他，小中学校の音楽授業に役立つ著書多数。

音楽科授業サポートBOOKS
無理なく楽しく取り組める！
読譜力＆記譜力アップ音楽授業プラン
小学校・中学校

2022年11月初版第１刷刊　　　Ⓒ著　者　大　熊　信　彦
　　　　　　　　　　　　　　　　　　　酒　井　美　恵　子
　　　　　　　　　　　　　発行者　藤　原　光　政
　　　　　　　　　　　　　発行所　明治図書出版株式会社
　　　　　　　　　　　　　　　　　http://www.meijitosho.co.jp
　　　　　　　　　　　（企画）木村　悠（校正）川上　萌
　　　　　　　　〒114-0023　東京都北区滝野川7-46-1
　　　　　　　　振替00160-5-151318　電話03(5907)6703
　　　　　　　　　　　　ご注文窓口　電話03(5907)6668

＊検印省略　　　　　　　組版所　藤原印刷株式会社

本書の無断コピーは，著作権・出版権にふれます。ご注意ください。
教材部分は，学校の授業過程での使用に限り，複製することができます。

Printed in Japan　　　　　　　　ISBN978-4-18-378729-3
JASRAC 出 2206703-201
もれなくクーポンがもらえる！読者アンケートはこちらから →